電子黒板への招待

その提示力を生かした授業を考える

齋藤 由紀

関西学院大学出版会

まえがき

　電子黒板との出会いは 2012 年に遡る。当時勤めていた学校の視聴覚教室に 1 台置かれていた。「使ってみたい」と思ったものの、電源の入れ方すらわからない。そのうち日常の業務に追われ、気がつくと視聴覚教室からは足が遠のいている。そんなある日、電子黒板に関する研修会が開かれ、最前列で聞き入っているのだった。

　そのときの印象をまとめてみたい。第一に画面に書き込むということについては従来の黒板と同様にできそうだ。ペンを用いるのでチョークとは書き心地は違う。色も 12 色くらいは使用でき、線の太さも変えられる。しかし、特筆できることは、黒板であると書く容量に制限があるが、電子黒板にはそれがないということだ。黒板は、面いっぱいに板書してしまった後にもっと書かなければならなくなったとき、画面を消さなくてはならない。そして、再び書き始めることになる。けれども電子黒板の場合はこの「消す」という作業をしなくていい。指先一つで新しい画面を取り出すだけだ。電子黒板なら板書に制限がなくなる。また、いったん消してしまった内容がもう一度必要になったときでも、電子黒板ならば、そのページを呼び出すだけでいい。

　中学校や高等学校での授業を想定すると、複数クラスを担当することになる。たとえば、一つの単元やレッスンのために板書事項を考える。それを 1 組でも、2 組でも 3 組でも使う。黒板の場合、授業に行くたびに板書事項を書かなければならない。電子黒板があれば、一度板書事項を作成しておくだけで、どの組に行こうが、指先一つで何度でも呼び出すことができる。どのクラスでも、繰り返し写し出せる。このことだけでも、授業準備にかける時間を削減できるというものだ。職員室で、授業のための板書事項を一度考えるだけでいい。クラスごとに書くという手間が省ける。

　電子黒板は、視覚に訴える力が強い。その視覚への力を利用することで、教材作成もはかどる。また、画面上で教材を映しながら、そこへ書き込みをするなどの加工も簡単にできる。必要になった情報を次から次へと書き足すこともできるから、生徒たちに複雑な構造をもつものや概念図な

どを、視覚を通して伝えることも容易になった。加えて、黒板に描いたものでは立体感を出すことは難しい。しかし、電子黒板を用いれば、図形に動きを出すといったことが、いとも簡単にできる。これらのことは「わかりやすさ」をもたらすことに他ならない。黒板ではなかなか伝えることが難しかったことを伝えることができるようにする、そんなメディアだ。

　電子黒板を使えば、「生きた素材」を提供できる。「生きた」とは、本物ということである。筆者は、2013年に電子黒板の導入が最も進んでいるといわれる英国に、短期留学をした。受講したクラスすべてで、電子黒板を使っての授業が展開されていく。そのなかでも、インターネットを通して見た動画や情報の多くが、いまも強く印象に残っている。英語を学ぶために、無数の教材がインターネットを通して入手できるのだ。こんなにもたくさんある「生きた」教材を使わない手はないだろう。

　電子黒板の導入で授業準備を効率よく行うことが可能になる。だから、そのぶん授業準備にかけていた時間を削減できるわけだ。そこで生み出された時間を使って、授業計画や内容などについての考察をより深めることができるようになる。授業内容そのものを熟考できるようになることは、よりよい授業を実現することに直結することではないだろうか。この本では、電子黒板を使った英語授業の実際も考えてみたい。

　第1章では、2013年度に行った国語、数学、社会、理科、英語の5教科を横断した研究の一部を紹介する。そこから、電子黒板の提示力について実証していく。第2章では、電子黒板を活用する授業で生徒たちがはたして何を見、聞いているのかという問いについて考えていく。2014年から2015年にかけて、私立の女子校で行った授業観察と質問紙による調査結果を踏まえたもので、電子黒板の活用方法について考察するものだ。第3章は、電子黒板の活用例として主に英語の授業実践を紹介していく。その際、「教える」ことに焦点をあてて、いくつかの基本的な理論や主張を拠り所として考察を進めていくこととする。あわせて、著者の実践も紹介したい。主に取り上げているのが英語の授業であるが、電子黒板の活用については他の教科でも十分応用していただける内容にしているつもりであ

る。
　なお本書では、「児童」「生徒」「学生」を指して、広く学ぶ人という意味で、「生徒」と表記している。

目　次

まえがき　3

第1章　電子黒板の使い方
5教科横断の研究からの示唆 ——————— 9

はじめに　9
1　教科の研究成果　10
2　電子黒板の導入で起こった変化　23
3　先行研究から得られる知見　35
4　課題と今後に向けて　38

コラム　教師主導の授業から児童が主体的に活動する英語の授業へ　42

第2章　電子黒板の有効性
学習者たちは何を見、聞いているのか ——————— 43

はじめに　43
1　本研究の概要　44
2　2014年度の研究手法と結果　46
3　先行研究からの示唆　50
4　次年度の研究に向けて　52
5　2015年の調査　53
6　自由記述からの示唆　58

コラム　デジタル・ネイティブがつくるクリエイティブな教材作成の魅力　65
コラム　教材共有と管理の視点から見た電子黒板の効果　66

第3章　英語授業を例に電子黒板の活用を考える
よりよい授業を目指して―――― 67

はじめに　67
1　授業の基本的な考え方　市川の「教えて考えさせる」主張をもとに　68
2　目標を達成するための授業案を構成する要素　74
3　授業案と電子黒板活用事例　80
4　第二言語習得の認知プロセスを意識した授業づくり　95

あとがき　101

第1章

電子黒板の使い方

5教科横断の研究からの示唆

はじめに

2013年に当時勤務していた私立女子中学高等学校で、とくに国語、数学、理科、社会、英語の5教科で横断的に、また、中学校と高等学校で縦断的に、電子黒板を積極的に活用しての授業を1年間にわたり実践した。この章ではその1年を通じて得られた示唆について紹介していく。

2013年に行った研究の目的は、電子黒板の活用で、生徒たちのまとめる力、情報活用力、ノート作成力にどのような効果を与えるのかについて知るというものであった。

女子のみの学校であり、また中学校と高等学校が併設されていることを生かし、発達段階による生徒たちの電子黒板への対応なども視野に入れながら、導入されたばかりの電子黒板という機器を、どのように使えば有効といえるのかを探ったものである。

2012年段階で、先行研究からは、電子黒板の利用により学習参加への意欲の向上や主体性の向上が報告されていた。しかし、個別の事象について検証したものはなかった。そこで、本研究では、生徒たちのまとめる力、情報活用力、ノート作成力に着目し、電子黒板を利用することによってそれらが向上するといえるのかについて研究を行うこととしたのである。

1　教科の研究成果

　理科と数学の研究からは、生徒たちが、電子黒板を活用した授業によってより複雑な概念を学習する場合、理解が促進されるということが実証された。中学校と高等学校の例があるので、参考にしていただける部分が多々あると考える。

(1)　理科の成果

　理科の学習を進めるにあたり、生徒に興味と関心をもたせるために重要となるのは、次の二つの力をつけさせることができるかどうかにかかっていると考えている。一つ、実験時におけるデータをまとめる力、二つに問題演習時における既習部分を活用する力であろう。この考え方は、一般則というよりも数年にわたり教鞭をとるなかで、「教える実態」から析出されてきた一つの経験則である。それゆえ、きわめて特殊性を帯びている。換言すれば、学習を始める最初の段階から、すでに理科を学習することのモチベーションが低い傾向にある生徒の実態からみて、理科を学習することの意義や有用性を体得させるには、以上にあげた二つの力の育成が鍵を握っていると考えるわけだ。

　生徒たちに実験して得られたデータを適切にまとめ、それをもとに結論を導く過程の醍醐味を味わわせること、それとともにこれまでに習った内容を適切に活用して、問題を解くことができる喜びを味わわせること。これらの機会を創出することこそが、理科の授業実践者としての主眼であった。

　本研究は、これらの知的かつ情的な学習場面の創出に、電子黒板がいかに効果的であるかを実証しようとするものである。さしあたっていえば、電子黒板の効用は、思考の流れの可視化に求めることができる。

　研究対象学年は、中高一貫教育校である対象校において、本研究を進めるにあたり、実験データをまとめる力についての検証は中学3年生（科目名：理科）、既習内容を活用する力についての検証は高校2年生（科目名：

化学基礎）を対象とした。この対象学年の選定については、研究の焦点としている学習場面の頻度と現実的な重要性に着目したことがその本質的な理由である。すなわち、実験の時数は中学3年生のほうがより多く、問題演習に関しては、大学進学を意識した高校2年生のほうがより大きな意味合いをもっている、ということである。

　実験時数の多い中学3年生においては、例年、多くの生徒にとって、理解することが難しいとされる物理分野での検証を行った。とりわけ、物体の運動に関する実験においては、記録テープ等を使用するため、技術的な面で結果の整理が非常に煩雑であると同時に、定量的な議論と考察が必要となることから、検証分野としては適切であると考えた。

　なお、中学3年生に関しては、実験結果の整理のみならず、それをもとにした発表等、言語活動の場面においても、電子黒板がどの程度、効用を発揮するのかについても検証を試みた。また、高校2年生においては、化学のなかでも、とくに立体的な理解を必要とする固体の結晶構造に焦点をあて、検証を行った。これまでは、立体模型を提示することにより、生徒の視覚化と理解の助けとしていたが、教壇からの提示がすべての生徒にとって見えやすかったかどうか、物理的な問題は存在していたはずである。それに加えて、3次元の結晶構造を2次元の黒板に板書することは、授業実践者にとっても、非常に苦労する点であり、実践者自身の技術的な違いが生徒の理解にある程度の差をもたらすということも実際にはあったと予想される。以上の観点から、従来の黒板による実践での課題を踏まえて、電子黒板の利用がどれほど寄与し得るかを探るにあたり、固体の結晶構造の分野は、検証するに最適であると考えた。

方法
◇**中学3年生（理科）での検証**
　中学3年生の理科では、既述の通り、物理分野の実験「台車の運動の記録」に焦点をあて、検証を行った。以下は、その展開を示したものである。

〈中学3年生：検証の流れ〉
① 書画カメラにより、教科書の該当箇所を電子黒板上に提示し、そこに注意事項やポイントとなる部分に授業実践者が書き込みを行った。
② ①をもとにして、生徒に、実験の目的や実験の手順、必要な器具などの項目を記載した実験ノートを作成させた。
③ 生徒は、実験を行いながら、作成した実験ノートに結果の記載を行った。
④ 結果の整理を行うにあたって必要となる図や表について、授業実践者が電子黒板を使用しながら説明を行い、その後、生徒にグラフや表の作成など結果の整理を行わせた。
⑤ 実験の班員同士で相互確認を行わせ、考察のポイントを探らせた。
⑥ 結果と考察について、実験ノートを書画カメラで提示しながら、班ごとに発表を行わせた。
⑦ 後日、再度同じ条件の実験を行わせ、そこで得られた記録テープをもとに、制限時間内（50分以内）に実験レポートを作成させる試験を実施した（以下、レポートテスト）。

　上記の6点のうち、とりわけ④においては、実験データとなる記録テープの適切な処理が問題となる。そのため、このとき授業実践者は、記録テープを処理する様子やそれをもとにしたグラフと表を作成する様子など、書画カメラを使用し、電子黒板に映し出すなどの工夫を行った。また、⑦に関しては、電子黒板を使用した、以上の一連の過程の有効性を実証するために行ったものである。テストを評価する際の観点は、以下の通りである。
A　記録テープを適切に処理できているか。
B　グラフと表を適切に作成できているか。
C　得られた結果から適切に考察ができているか。
　なお、生徒の理解度を検証するにあたり、上記⑦のみならず、生徒が作成した実験ノート[3]を回収し、点検を行うことにした。

◇高校2年生（化学基礎）での検証

　高校2年生の化学基礎では、すでに述べたように、固体の結晶構造分野での問題演習に的を絞り、検証を行った。その際、授業実践者として注意をしたことは、問題演習時までに学習した既習内容をいかに整理し、活用するかという点である。この既習内容の整理においては、さまざまな概念間の関係性を視覚的なイメージにまとめ上げる「概念地図」や「概念マップ」[4]の手法をとり、電子黒板での提示による効果を探ることにした。具体的には、問題を解くために必要な知識と内容を、電子黒板を使って、いかに視覚的なイメージとして構築することができるか。あるいは、それの電子黒板による提示によって、生徒自身がまとめたノートにいかなる変容がみられるか。以上の観点を主として、生徒のノートの検証を行った。以下に、問題演習時の流れを示した。

〈高校2年生：検証の流れ〉
① 演習する問題が掲載されたプリントを配布し、生徒のノートに添付させる。
② 演習する前に問題内容を把握させる。
③ 把握した内容をもとに、これまでの既習部分との関連性を「概念マップ」を書いて視覚化させる。
④ 書き上げた「概念マップ」から演習に必要となる概念やキーワード、公式等、内容の取捨選択を行わせる。
⑤ 選び出された概念やキーワード、公式等をもとに問題を演習させる。

　上記③においては、演習前に授業で学習した内容をノートで確認させながら、「概念マップ」を書かせた。このとき、生徒には、質よりも量を重視させることを強調しておいた。また、電子黒板を使いながら、カラフルなイメージで「概念マップ」を書き上げるように指示した。

理科からの研究結果と考察

◇中学3年生（理科）での検証

図1-1および図1-2は、実験「台車の運動の記録」についての結果を生徒がノートにまとめたものである。物理学的な意味において、この生徒Aの記述は、実験が適切に行われていなかったことを示している。右上の「等速直線運動になるはずだったけど、こうなった」という記述は、そのことをよく表している。しかし、記録テープの処理や記録テープに記載している数値、さらには、自主的なグラフ化（図1-1, 図1-2下段）からは、この生徒Aが実験の目的をよく理解していたことが窺われる。

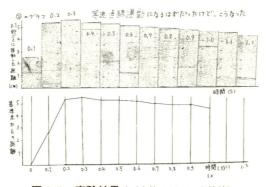

図1-1　実験結果1（生徒Aのノート抜粋）

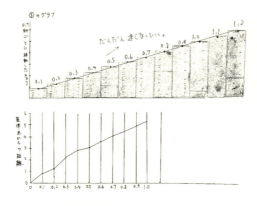

図1-2　実験結果2（生徒Aのノート抜粋）

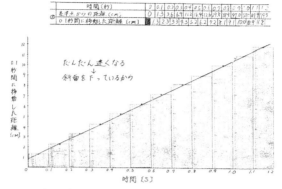

図 1-3　実験結果 3（生徒 B のノート抜粋）

　図 1-3 に示す生徒 B のノートに記載されていた結果は、台車の斜面を下る運動の記録に関する実験についてのものであるが、生徒 B の実験の技能に関する高い達成度を表している。

　どちらの生徒においても、実験結果の精度はともあれ、結果を非常によくまとめることができているのは、電子黒板による提示が効果的であったことの証左であろう。例年、この実験に関する結果のまとめ方については、困難を感じる生徒が多かったが、研究対象クラスのほとんどの生徒が、生徒 A・生徒 B と同様程度のまとめる力を発揮したのは、電子黒板を利用したことの効果である。

◇高校 2 年生（化学基礎）での検証

　図 1-4 は、問題演習の際の生徒 C のノートである。左上に添付された問題があり、その下に「課題把握」の欄を設け、問題の分析を行わせた。生徒 C の場合、前述の「概念マップ」は、「課題把握」の右側にある。その「概念マップ」をもとにして、以降、生徒は解答を作成していくことになる。それぞれの生徒が書き上げた「概念マップ」の詳細は後述するが、この図 1-4 からは、問題演習の際に作成されるノートの全体像がわかるであろう。

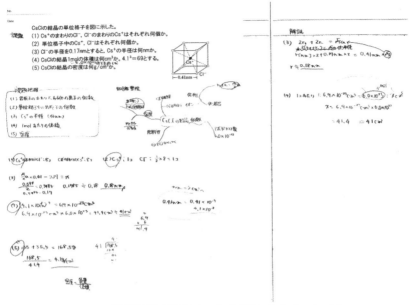

図 1-4 問題演習の際のノートの様子（生徒Cのノート）

　生徒の書いた「概念マップ」を図 1-5 に示す。ここに示した「概念マップ」は、視覚的なインパクトを有する点で非常に優れたものである。しかしながら、多くの生徒がこれほどまでの「概念マップ」を書くことができたわけではない。図 1-4 に示した「概念マップ」と同程度のものが多くみられた。とはいえ、この「概念マップ」の作成、提示において、電子黒板の有効性を確認することができた。

　そもそも、このように、「概念マップ」の作成に力点を置くのには、次のような「概念マップ」の利点に着目したからである。問題を見て、「何をすればよいのかわからない」と嘆く生徒の多くは、既存知識や既習内容の整理ができていない。教科書を読み直すことにより、ある程度は既習内容を確認することはできるであろうが、それは一過性のものにすぎない。ところが、「概念マップ」は多様な色を使用しながら、視覚的な情報として概念を整理するための技法であり、それゆえに、長期的な記憶が可能となるだけでなく、概念間の相互関係性まで捉えることができる。

第1章 電子黒板の使い方　17

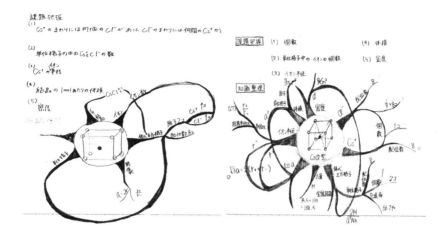

図 1-5　生徒の書いた「概念マップ」（左は生徒D、右は生徒E）

　今回の検証を通して、以上にあげる「概念マップ」の利点を授業のなかで最大限生かすことのできるツールとなり得るもの、それが電子黒板なのではないかと考えている。生徒各自がノートに「概念マップ」を書きながら、既習知識の整理を行う際、電子黒板で授業実践者も同様に書くことで、全体での確認を行うことができた。電子黒板には、さまざまな配色のペン機能があり、それらを多用することで、カラフルで視覚に訴えた「概念マップ」を作成、提示することが可能となった。この点については、従来の黒板との大きな違いであり、電子黒板の利点ということができるだろう。

　なお、この単元の指導において、結晶格子の提示の際にも、電子黒板使用の利点が認められた。従来であれば、非常に煩雑な3次元立体のイオン結晶は、教科書や資料集には非常に見やすい図が掲載されていたものの、それを板書し、生徒のノートに書き写させる作業は困難を極めた。しかし、教科書や資料集に掲載された図を書画カメラから電子黒板に取り込み、生徒に提示することで効果的な指導が可能となった。結晶格子の図には、それぞれ格子定数や対角線などの補助線を書き加えながら説明をする必要があるが、電子黒板に提示した教科書の図をもとにそれを行えば、生

徒からみても、無駄のない視覚的に捉えやすい図を提示することができた。このことは、生徒のノートにそれらが鮮やかに反映されていることで証明されたといっていいだろう。

図1-6においては、二つの粒子からなるイオン結晶が粒子の大小をしっかりと区別しながら書かれている。また、そのイオン結晶における限界半径比など、空間認知的にも非常に捉えにくい立体位置関係をていねいにノートに記録できていることからも、電子黒板での提示が効果的であったことが窺われるであろう。

理科の研究からは、いままで黒板では提示しにくかった事項について、電子黒板や書画カメラを用いたことにより明示することが可能となり、そのことから生徒たち自身が理解を深化させた様子がそれぞれのノートに鮮やかに示されている。とくに高校2年生を対象とした化学基礎の単元で、「概念マップ」を授業者とともに書いていく作業を通じて生徒たちは理解を深め、さらに全体で共有化している様子がみられることは、電子黒板の大きな利点の一つであるといえよう。

理科からは、生徒たちに複雑な構造をもつ物体や、動くものを捉えさせることが必要とされるような場面において、電子黒板は有効性をもつこと

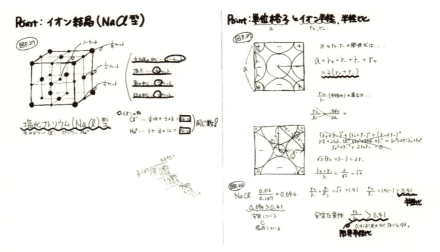

図1-6　生徒の書いたイオン結晶の図（生徒Fのノート）

が示唆されたといえよう。従来の黒板では視覚的に示すことが難しかったものが容易に提示できる点が特徴としてあげられる。続いて数学科の研究を紹介する。

(2) 数学

　電子黒板の研修を受けて、いままでどのようにして生徒たちに教えようか悩んでいたことのうちのいくつかのポイントについて解決法を見つけた思いとなった。実際に生徒たちの目の前にある図形を動かすことは、何より生徒たちの脳に直接的に入っていく。つまりダイレクトである。説明をくどくどと繰り返す必要がまったくない。また、授業者側が動かすだけではなく、生徒自身が動かすことで、理解が深まる。身体をともなって習得することは、理解されやすく、忘れにくくなることである。

　次に、教員と生徒が共有化できる利点がある。教員が画面に書き込むことを生徒は自身の目で捉え、シンクロさせることができる。そのことは、授業終了時にたいてい行う「授業の振り返り」を容易にしてくれる。容易とは、教員の手間がかからなくなり、生徒にとっても、一目見て内容を思い出すことができるという二つの側面を指している。

　電子黒板についての問題点は、以下の2点である。メーカーへ改善をお願いしたいのは、ときどき接触不良によって、電子ペンが使えないことが起こることに対してである。教員は毎時間の授業がスムーズに流れることを前提として考えている。機器の不具合は、予想以上に心理的な圧迫を与えるものである。とくに電子黒板を恒常的に使い始めたばかりでは、不具合が起こったとき、その時点で思考ストップとなる場合もある。ただ、慣れるに従い、極度な緊張状態からは脱し、少し冷や汗をかく程度にまで軽減できるようになった。また、学校へ改善をお願いしたいのは、インターネットの接続ができていなかったことに対してである。そのため、ネット上にある教材や教材に加工できるようなコンテンツをそのまま授業に持ち込み利用することができなかった。ネット接続の問題は、学校全体の情報管理とも絡んでいるので、簡単に解決できない問題なのかもしれないが、今後の授業の質を向上させるために改善をお願いしたいことである。

実際の授業

　電子黒板を活用した授業を展開するなかで、生徒たちはどのように思ったり感じたりしていたのだろうか。肯定的な意見から紹介してみよう。「わかりやすい」。これは、動点（図形上を点が動く問題）の授業を行った際に生徒たちから多く寄せられた声だ。いままでの黒板のみでは、部分的な図を示すことしかできず、面積の変わり方がイメージしにくかった。それが電子黒板を使うと、点の動きや面積の変わり方を連続的に示すことができ、さらには、面積のグラフと対応させながら見せることができたため出された感想である。また、「もとに戻る」「先に進める」といった動きができるのも電子黒板の大きな利点である。デジタル教科書のコンテンツ等を利用して、空間図形をあらゆる方向から示せることができるのも生徒の理解を大きく助けた。

　授業者が、電子黒板の最大の利点であると考えているさまざまな角度から図形を見ることができる点を利用して、2直線の位置関係について説明した。学年は中学1年生で、単元としては、「空間図形」を扱ったところである。

　授業の展開については、空間での位置関係を電子黒板上で示したのち、2次元であるノートにその様子を書かせた。図1-7はその際の生徒のノートである。図左側のノート作成者、生徒A、生徒B、生徒Cは定期考査で平均点より20点前後上の得点を常にとる学力上位層であり、目で見た情報を平面上で表すことができている。一方、定期考査等で平均点より20点前後下回る得点をとる学力下位層の生徒D、生徒E、生徒F（図右側）は平面上で、空間での位置関係の様子を示すことが難しいことがわかる。

　しかし、この後に行った立方体の辺の位置関係に関する練習問題においては、生徒D、生徒E、生徒Fも容易に解答することができていた。このことは、空間認識を苦手とする生徒にとっても3次元空間を捉えることができるようになったことを表している。空間は3次元である。その3次元の空間について黒板（2次元上）で説明を受けても理解できなかった部分があるわけだ。電子黒板を用いることで、3次元の世界が視覚を通して脳内に入ってくるため、イメージしやすくなり、理解を促進させたものと

第1章 電子黒板の使い方 21

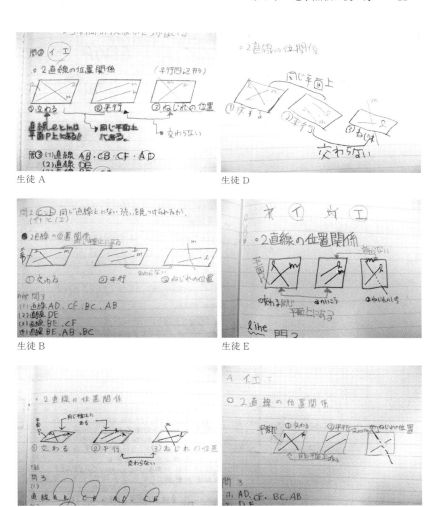

図1-7 学力上位層（左列）と下位層（右列）の生徒の空間図形学習時のノート

考えられる。

　「私に書かせてください」「私に解かせてください」、生徒たちのこれらの声こそ、まさに電子黒板を使っていたから出たものだと考えている。いままでこのような声を教室で聞いたことはない。画面が動くから、あるいは教員の動きを見て生徒たちは声を上げたのだ。生徒たちの興味や関心が惹きつけられた瞬間である。

考察
　「ハイテク」というのか、時代はまさにデジタル。生徒は生まれたときからゲームや携帯に親しみながら育っている世代である。そんな世代の彼女たちでもこのとき、作図をする場面で、画面内でコンパスや定規を自由自在に使用するところを見て思わずこんな声を上げたのだ。

　授業者の説明が早かったのか、それとも本人が心ここにあらずであったのかはわからないが、「前のページをもう1回見せてください」とリクエストする声もいく度かあった。黒板は一度消してしまうともう一度見せることができない。しかし、電子黒板なら前のページに戻ることはたやすくできる。何ページ前のことであっても、このあいだの授業のことであっても、いくらでも呼び出して再視聴可能である。

　否定的な意見として、「目が悪くなった」「見にくい」という声もあった。調査対象校の場合、夏季休業中に電子黒板が普通教室に設置された。各教室の前面に設置されている。授業者も、その使い方に慣れることなく利用が開始されたという事情があり、生徒への配慮に欠ける点もあったと考える。いまでは、遮光カーテンや座席の配置、授業構成との兼ね合いなどを考慮しながら、生徒たちに不快な思いをさせないようにしているつもりだ。しかし、まだまだこの部分については、電子黒板のよりよい活用法を考えていくなかで改善していかなければならないことだと考えている。

　2013年度1年間、恒常的に電子黒板や書画カメラ等を使い授業をするなかで、いまではこういったICT機器はなくてはならない存在になってしまった。

授業準備にかける時間が大幅に短縮できる。中学生の単元では、関数や図形でとくに有効である。関数では、描画ソフトを用いることで手書きのときよりも正確なグラフを生徒に提示することができる。黒板を使用していたときには、グラフ黒板やマグネットシートを利用していたが、これらは重く、持ち運びはもちろんのこと、取り扱いにも苦慮していた。しかし、いまでは電子黒板があると思うと楽である。投影図を描かせたり、投影図からどんな立体であるかを理解させたりする場面では、実際に立体図形をあらゆる角度から生徒たちに見せることができるので、どの生徒にも「わかりやすい」授業を展開できたと自負している。数学苦手意識を払拭すべく、これからも活用法について研究を重ねていきたい。

　電子黒板は、授業スタイルにも影響していると考える。電子黒板を使う以前は、授業者である筆者から生徒へ向けて一方向の授業が多かった。言い換えれば、一方方向の知識の伝達であったと考える。けれども電子黒板や書画カメラを使い始めてからは、授業者と生徒間、あるいは生徒と生徒間での意見のやりとりが起こるようになった。すでに書いたように、生徒が「私に書かせてください」といい、また、生徒自身に説明をさせることで、理解が深まっていくことが教室内や授業のなかで起こるようになったのだ。まさに電子黒板が英語でIWB（インタラクティブ・ホワイトボード）とよばれることに納得している。

　今後は、電子黒板やタブレット等のICT機器の良さを取り入れながら、生徒にわかりやすい授業をどのように展開するかについて研究を進めていく必要がある。文献を読むことや、同僚とのインタラクションの活発化も視野に入れ取り組みたい。

2　電子黒板の導入で起こった変化

　ここでは、電子黒板を初めて導入した教育現場でどのようなことが起こり、1年の研究を通じて何がみえてきたのかについて述べたい。とくに、教員の意識の変化と教育現場の変容について、授業スタイル、授業のプラ

ンニング化、メソッドの共有化ということを取り上げて紹介する。それらの事柄から電子黒板の魅力に迫る。

(1) 教員の意識

まず、大きく変化した点の一つとして、電子黒板を使う側、教員側の意識の変化について紹介したい。研究助成を受けたことも影響し、2013年に管理職の努力により普通教室すべてに電子黒板が設置された。つまり、どの教室でも電子黒板を使った授業ができるようになったわけである。それまで、視聴覚教室にしかなかったのだから劇的に変化したといえる。

2012年度の8月に行われた研修会を受けて、まず視聴覚教室の予約がバッティングする事態がたびたび起こるようになった。これは、教員の電子黒板への興味関心が広がった一つの証だといえよう。やはり何か機器を導入する際には、使い方についての研修をしていくことも重要なステップだと改めて認識した。教員側に「使ってみよう」という思いを生じさせるしかけが必要なわけだ。予算などがなければ、推進チームを発足させて、使い方について学び合うことでもいいのではないだろうか。新しいものを導入する際には、「もの＋しかけ」があって、歯車が回りだす。

電子黒板を用いて授業をした当初、授業後、生徒たちからは「目が痛い」「頭が痛い」といった声がいくつか聞こえてきた。これには、どうしたものかと対応に困ったが、授業を振り返ると、授業時間すべてにおいて電子黒板の画面を見続けるような授業構成となってしまっていたことに気がついた。これは電子黒板への教員側の熱い思いが先行してしまい、ついつい電子黒板を、ある意味使いすぎの状態に陥らせてしまっていたため起こっていたのである。

電子黒板を導入してすぐには、くれぐれも授業時間すべてを電子黒板画面に集中させるような授業計画、授業デザインをしないようにと忠告させてもらいたい。そして、このことは筆者にICT機器活用と授業デザインに関心を抱かせる契機となった。

実際に電子黒板を活用しようという取り組みを続けるなか、関心も高まっていくにつれ、職員室では、意見交換がみられるようにもなった。そ

れはまるで瀬戸内に春を告げる渦潮のようなものといえるかもしれない。小さな渦があちらでもこちらでも起こり、電子黒板のある視聴覚教室を中心に、学内でいくつかの囁きグループが形成されていった。

教員の意識調査

教員側の意識について2013年6月にアンケート調査を実施した。このアンケートはフェイスシートと12の質問項目からなっている。質問項目は、(A)「授業での活用法」を問うもの、(B)活用の目的を問うもの、(C)生徒へのコンピュータ等の利用について指導しているかを問うもの、の三つのカテゴリーを設け、それぞれ四つの質問から構成されたものであった。

回収率が28名（約58.3％）と低かったものの、電子黒板導入当初のICT機器利用について、教員の意識を知るうえである程度参考になる。ここでは、いくつかの特徴的なことについて紹介したい。

「授業で電子黒板を活用したことがありますか」について「活用している」と回答できたのは、7名（回答者のうち25％に相当）の教員であった。

「授業で電子黒板を活用したいといまの時点で思っているか」については、13名（約50％）の教員が「活用したいと思っている」と答えた。

授業でのインターネットやコンピュータ等を積極的に活用しているかどうかについては、自身の教材作成のためや、生徒の作品や成績管理のために利用している教員はいずれも半数を上回った。しかし一方で、学習に対する生徒の興味関心の喚起等の目的をもちながら利用している教員は、半数を下回る結果となっていた。この状況は、ICT機器の導入時点では、「使ってはみたいものの、どのように使えばいいのかわからない」という教員側の戸惑いを読み取ることができる。

2013年12月に行った教員対象のアンケート調査では、「電子黒板を活用して指導しているか」について尋ねたところ、約35％の教員が「できている」と回答し、「まあまあできている」と回答したものをあわせると58％の教員が電子黒板を活用しているとのことであった。年度当初に活用していると回答した教員は、上述のように7名にすぎず、これは全体の

約15%程度であったことから考えると、実際に活用している教員の数が約40%も上昇したことがわかったのである。

このように実際に電子黒板が使われるようになった要因として、電子黒板が普通教室に導入されたので利用しやすくなったこと、年間を通じて研修などが開かれ、気楽に使ってみようという雰囲気が徐々に学校中に広がっていたことがあげられる。

課題としては、特別教室や体育館にまだ電子黒板が導入されておらず、全教科での活用に至っていないことである。今後は可動式プロジェクターなどを導入し、使いたい教員がいつでも使える状況を生み出すための環境面の整備がいっそう進むことを期待している。

ここからは電子黒板等のICT機器の導入で、教育現場は確実に変容を遂げることができるということについて紹介したい。言い換えれば、電子黒板や書画カメラを活用した授業では、教室にムーブメントが起こるのだ。ムーブメントとは、授業スタイルの変化、授業のプランニング化、メソッドの共有化という三つの現象を指している。

(2) 授業スタイルの変化

授業スタイルの変化とは、黒板の前に教員がいて、黒板と教員を生徒たちが一斉に見ているというスタイルが減少するということである。電子黒板を設置すると、まず、生徒と生徒同士の対話が起こる。同時に教員と生徒間にも双方向での対話が起こるようになる。

電子黒板の設置は、まさに対話を醸成するメディアを持ち込むことといえるだろう。このような授業スタイルの変化を図1-8に示す。

図1-8の「いままでの授業スタイル」と「これからの授業スタイル」を比べてみるといくつかの相違に容易に気づいていただけよう。

一つに、「これからの授業スタイル」概念図にはたくさんの矢印が飛び交っている。一つひとつの矢印については筆者が一応ネーミングしてみたが、実際はもっと多くのことが起こっていると考えられる。一つの授業のなかでこれだけの矢印が飛び交うということは、そのことだけを捉えても

第 1 章　電子黒板の使い方　　27

▼いままでの授業スタイル

従来は、教師が黒板を用いて、生徒たちに知識を伝達するといった一方向の授業形態が主流

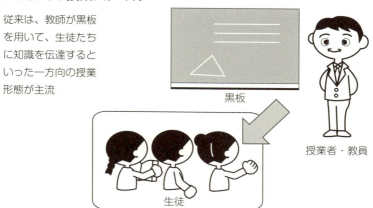

▼これからの授業スタイル

さまざまな方向性が飛び交う授業へ

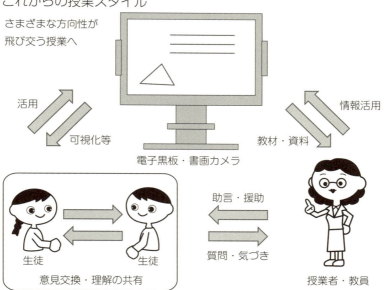

図 1-8　授業スタイルの変化概念図

授業が導入以前と比べて活性化しているわけである。

「いままでの授業スタイル」では、教員は黒板の前にいて説明する必要があった。そのため、そこから離れることができず、結果としてどうしてもその立ち位置から生徒たちへ向けて一方的に話すことが多いスタイルとなる。同時に、生徒たちは、黒板のある方向にばかり向くこととなり、結果として生徒同士の交流もあまり起こらない、あるいは起こりにくいものであった。また教員にとっては、教壇という少し高さのある位置から、生徒たちを眺めることになるわけで、そのため、どうしても生徒を一つの集団として意識しがちであったのではないだろうか。

電子黒板の出現によって、教員にとって生徒はより顔の見える存在となり、一人ひとりの個性が際立ってくるように変わるだろう。なぜなら黒板の前にいる必要性がなくなるからだ。そのことは、教員の役割にも変化をもたらす。つまり教えるという役割だけではなく、グループ活動が円滑に行われるように支援したり、モデルを示したりといった役割が加わり、むしろ、そちらの役割のほうが多くなっていくことになる。一方、生徒は生徒一人ひとりのもつ個性が、グループ学習のなかできちんと発揮されることにもなる。プレゼンテーションなどの課題を行うなかで、生徒たちは、仲間、教員、ICT機器の助けを借りて変容し確実に成長を遂げていくことができるようになると信じるし、そのために電子黒板といった機器を活用していくことが求められている。

ただし、筆者は、「いままでの授業スタイル」を否定しているわけではない。授業では、単元や場面によっては、一方向で何かを伝達しなければならないときもあるからだ。ただ、このスタイルをずっと、いつも同じように繰り返すことには疑問をもってもらいたい。電子黒板が導入されるのを機に、いろいろな矢印が飛び交う、そんな授業スタイルに挑戦してもらえたらと願っている。生徒の学びや理解を深めるために、電子黒板の活用方法を考え、あわせて授業スタイルを変えていかなければならない。

電子黒板を教室に置くことで、教員はまずは教壇を「降りる」ことができる。それは物理的な意味だけではなく、心理的にも降りることになるはずだ。生徒たちと同じ地平線に立つことで、対話が生み出され、生徒の立

場で授業を捉えることができるようになるだろう。そこからは多様な学習スタイルが出現する可能性がある。

(3) 授業のプランニング化

電子黒板の導入で起こったムーブメントのうち、授業のプランニング化を紹介する。それは、より質の高い授業を誰でもが展開できる可能性の高まりを指している。なぜなら、ICT機器の利用は、教員が授業準備にかける手間や時間を大幅に短縮してくれるからだ。だから、いままで準備に手間暇がかかるという理由で、敬遠されがちであったことなどについて、教員は「やってみよう」という気にさせてもらえる。そのことに加えて、準備時間の短縮により生み出された時間を使い、より授業内容の吟味をすることが可能になる。とくに、その動きが、数名の教員のムーブメントにとどまらず、教員集団や学校さらに学園全体へと広がりをみせたら素晴らしいではないか。

本研究を行うなかで、実験校では2013年に全国規模で「研究発表会」を開催できた。発表会には、幼稚園から高等学校までが一丸となって取り組んだ。それは、学園をつらぬく教育理念を外部へむけて発信する機会となり、ICT活用について「こころ×言葉＋ICT→薫習」というテーマのもと研究発表を行ったものである。

実際の研究発表会の様子について、ここからいくつか紹介しながら、電子黒板を導入したことで起こったムーブメントの具体例をお話ししよう。

教科は、高等学校「世界史A」。単元名は、「大航海とアメリカ征服」である。学習指導案の教材観には、本時では地理的理解が苦手な生徒に対して、電子黒板や書画カメラなどICT機器の特性を生かした視覚的イメージから理解を支援する手法を取り入れ、「言葉の暗記に頼らず、構成された知識と考える力」を育成することをねらったものである。

授業では、電子黒板のみならず、実物教材の地図や地球儀を用いて、大航海とアメリカ征服についての学習が進んだ。授業者は、電子黒板や書画カメラといったICT機器と地球儀を併用することで、地図だけでは理解

しにくい事柄を生徒に捉えやすくさせることに成功したといえるだろう。生徒たちは、コロンブスが出発した地点と到達した地点を、先に説明したような異なる手法を用いて視覚的に示されることで、興味をかき立てられたのだった。

　言葉だけでは伝わりにくい情報を、視覚的に捉えさせることが容易にできることとなり、生徒たちの興味深げに授業者の話に聞き入っていた姿が印象的であった。

　授業構成としては、生徒たちにいったんコロンブスの航海のルートを理解させ、次にグループ内討議を通して理解を深めさせるというものであった。グループ内の討議では、自分がわかったことや気づいたことについて、他のグループメンバーに説明するという活動が取り入れられている。教室にいた生徒たちは全員が能動的に学習をしており、一人ひとりが表現力を伸ばしていく様子が鮮やかに見て取れた。参観していた人たちは「おそらく今日の授業で習ったことを忘れることはないだろう」と思ったのではないだろうか。これは先に図1-8「授業スタイルの変化概念図」で示したICT機器を活用した授業で起こる授業スタイルの変化の一例ともいえる。

　黒板に地図だけが開かれ、それを見ながら説明を受ける授業と比較してもらうといいだろう。ICT機器が存在していない従来の教室で、同単元を授業する場合を想定してみると、おそらく視覚的な情報の欠如により、理解が進まない生徒がある一定数存在したと考えられる。そういった生徒は、おそらく「社会科は理解する教科ではなく、暗記する教科だ」と認識してしまったのではないだろうか。

　ICT機器は一人ひとりの理解を助ける。さらに、それを全体で共有することで再び個人の理解の深化へ結びつける利点をもっているといえよう。電子黒板の活用で理解がどのように進むのかについて、図1-9に図示してみた。

　まず、電子黒板の利用で最初に起きる理解を第1次理解と名づける。それは①と②に共通しているのであるが、上側①では理解が個人レベルにとどまる。しかし、下側②では、グループやクラス全体で共有化していくと

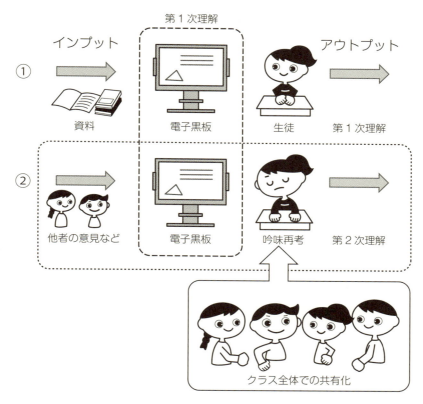

図1-9　電子黒板の活用で理解の深化が起こる概念図

いったことを通して、生徒の個人のなかで「吟味」「再考」という働きが起きることとなる。その働きによって理解がより深化していくと考えられるのだが、これを第2次理解と名づけた。

　電子黒板の利用で理解が高まることについて、清水（2006）は、以下のように述べている。

　　電子黒板に文字を手書きしたり、提示された図表に書き込みをしたりしながら説明すれば、子どもたちの視線は必然的に教師の手元を見ることになり

ます。通常の場合、その位置が重要ですので、理解が高まると考えます。(p. 20)

電子黒板を利用することが、子どもたちにはいままで以上の理解をもたらすと考える。だから、いままでと同じ授業ではなく、電子黒板の特性を生かした授業展開を考えることが重要になってくるのだ。授業では、どのようなものを提示するのか、どの段階で見せるのか、その後どのような活動を組み込むのか、といった授業プランを練り上げなければならない。

ところで、従来のメディアは電子機器の出現で消えていくのであろうか。いや、そんなことはないだろう。むしろ存在意義が再認識されていくと考えている。玉木（2013）は、上述した「世界史 A」の授業の手法を以下のように説明している。

　実践を通して、ICT の有効性だけでなく、黒板とノート、実物教材といったアナログの良さも再確認できた。直接見る、触れる、観察する、操作する、書くといった体験に勝るものは無く、「ICT を活用しなくても……。」という思いを何度となく経験した結果、ICT を活用した授業とは、ICT とアナログのそれぞれの良さを生かした授業だという結論に至った。(p. 20)

これから教壇に立つ教員の多くには、ICT 機器と従来の機器の良さを生かしていく授業を考えていくことが求められるだろう。そのとき、授業の目的に始まり、学習問題や内容の選択と配列、内容に沿った指導時間の割り当て、学習形態、発問、教具や教材の準備、評価方法や観点、板書計画といった授業の中身についてのプランニングと精査に質的変容といったことを考えていかなくてはならないだろう。中川他（2009）は、これからの教室にある電子黒板について以下のように述べている。

　この先、何年たっても、日本の教室からは黒板はなくならないのではないかと思う。それは単に講義するだけでなく、子どもたちとともに考え、発表させ、それを整理する授業スタイルの大枠が変わるとは思えないからだ。

（中略）黒板の重要度は変わらず、そこに電子黒板が併用して使われる、そんな姿がスタンダードになるのではないだろうか。(p. 3)

　電子黒板の導入で、変わるのは授業のプランニングである。いや、そのことで授業のプランニングが変わるようでなければ導入した意味がないだろう。そのことを理解したうえで、導入し、使用していくことが教育現場では求められているはずだ。また、電子黒板の活用方法については、これから開拓されていく分野でもある。できるだけ多くの人が使い、使い方を提案していき、それを共有することで、発展していけると信じる。まずは授業の一部で使い始め、同僚と意見交換してもらいたい。
　「児童、生徒、学生にこんなことを見せたいのだけれど……」という思いがあるとき、きっと電子黒板は役だってくれるはずだ。なぜなら、「だけれど……」の点の部分にある思いは、教室にある通常の黒板ではできないことを表しているからだ。

(4)　メソッドの共有化

　電子黒板や書画カメラの導入により巻き起こったムーブメントの三つ目はメソッドの共有化ということである。
　英語科の事例を取り上げてこのことを説明したい。英語科では、英語の文法事項のなかでわかりにくいとされるもののうち、「仮定法」をあえて取り扱うことで電子黒板の活用法に取り組んでみた。シラバス上から2時間しかとれないのであるが、その2時間を使って「仮定法」を理解させ、生徒自らが使えるようになるレベルにまで高めることを目指したものである。
　習得というのは、単にわかるというレベルではなく、習った事項を使えるということを指すと考える。それゆえ、仮定法という言葉でまとめられている文法事項を単に生徒たちが理解したレベル、または、仮定法の問題を解くということに終始してはならないだろう。そこを脱して、仮定法で表現すべき状況のなかで、自分のいいたいことをいったり、書いたりすることができることが求められていると考える。それを2時間でできるよう

にさせるための授業を考えたのであるが、その授業の特徴を以下に紹介していく。

　第1時間目、ここでは仮定法の型の定着を図った。電子黒板で仮定法を用いた例文を提示し、仮定法の特徴について考えさせる。つまり、「もし〜なら、○○なのに」というようなことをいいたいとき、英語にはどのような言葉と順番が必要なのかについて、生徒たちに考えさせるという課題探究型の学習を課してみた。ここでは、多くの例文の提示が必要になる。こういった多量に何かを提示する場合には、電子黒板は非常に便利で有効だ。

　第2時間目は仮定法を活用しながら、生徒たちが自らの意見を交換する場面を主軸として、導入、展開、まとめへという流れで授業を構成した。生徒たちが意見交換する素材としては、あるひとりの女性の人生を語った英文を準備した。英文のイメージを鮮明にさせるためにパラグラフごとに内容を表現しているようなイラストをつけた。イラストは、英語を苦手と感じている生徒には理解への手助けとなるもので、いわゆる「足場かけ」の役割を果たしてくれると考える。

　授業の根幹にあるのは、生徒たちにディスカッションさせることだ。この人物の一生についてグループで意見交換をし、各グループから出た意見を発表させていく。そうすることで異なる意見を共有することができる。その結果、課題として与えられた自分のこれまでの生きざまについて、英文で書くということにも抵抗感なく取り組めるようになったと考えている。

　ここで扱ったイラストやシートは、そのままデジタル化されたコンテンツとして残すことができた。だから、別の単元で、あるいは復習の時間で何度でも再利用することが可能となる。場合によっては、他の学年の授業や英語以外の教科でも利用可能なものとなっていく。

　コンテンツの積み上げは、まずは教科ごとで管理していき、次に学年などでどの教科でも利用可能なものとして積み上げていけるとよい。こうして集めていくことで、やがて学校全体の財産となるだろう。

　授業者サイドからコンテンツの共有化を捉えていくと、おのずと授業の流れについての基盤を共有することに思い至る。通常高等学校では、「英

語」を学習する授業は、「コミュニケーション」や「英文法」などいくつかに枝分かれしているが、仮定法を扱う単元で、一人の授業者が用意したコンテンツや授業案は、他の教員にもある部分は転用ができたり、応用して利用することができたりする。これがメソッドの共有化である。

　少なくとも電子黒板導入前、この学校では、各教員が一人ひとり独自のメソッドで授業を行ってきていた。筆者はこれを0メソッドと呼ぶ。なぜなら、優れた教材や資料、授業計画があったとしても、それらはそれを作成した教員にだけ使われるものにとどまっているからだ。

　優れた教材や授業デザインは、他の教員にも紹介され、別の場面で活用されるようになれば、もっとどの生徒にもわかりやすい授業が展開できるはずである。いま教育方法を考えるときに「協働」あるいは「協同」学習という言葉が頻繁に使用されているが、協働・協同しなければならないのは生徒だけではない。教員にも適用されるべき言葉であろう。

　電子黒板は、そこに投げ込まれた資料やコンテンツを集積していくことができる。いったん投げ込まれたものは、いつでも何度でも利用することができる。そのことで、各教員がもつメソッドまでも共有化できる事態を教育現場に出現させたといえる。メソッドの共有化で、より優れた教授法への道がたぐり寄せられてくるだろう。そのことはとりもなおさず、生徒たちにとってよりわかりやすい授業を実現させることができる一つの道だと考えている。

3　先行研究から得られる知見

　ここでは、2014年時点で、入手することができていた電子黒板に関する文献から得られた知見について紹介する。

　電子黒板の活用法については、赤堀侃司編（2011）、清水編（2006）、中川他編著（2009）、他で以下のことが指摘されている。まず、すべての機能を知ろうとする必要はないこと。二つ、使い始めることや使い続けることが大切。三つ、電子黒板はツールにすぎない、ということである。

また、これらの実例集では小学校での実践例が多数紹介されている。次いで中学校であり、高等学校での実例はまだ少数しか紹介されていない。このことは、電子黒板は、小学校に多く導入されすでに活用されているが、中学校では小学校ほど活用されておらず、ましてや高等学校ではまだあまり活用されていないことの証左ともとれる。
　また、山内（2010）は、電子機器を活用した授業について以下のように述べている。

　　電子機器を活用した授業は、CSCL（Computer Supported Collaborative Learning）に包含されている。CSCLとは、情報技術を利用して、学習者がほかの学習者と相互にコミュニケーションしながら、協同して問題解決に取り組んだり、それを通して考えを深めたり、新たな知識を構築していく教育実践、あるいはその学習活動の支援環境を研究する領域の総称である（Koschimann 2002）。CSCLの定義は、教育システムのみならず、それを活用した授業実践のあり方までを包含することが特徴的である。(p. 41)

電子黒板の活用を考えるとき、必ずや授業そのものをみつめることになるのである。さらに、発展させていくためには、授業のデザインとともに考えなくてはならないだろう。三宅（1997）はCSCLのデザインについて、①真実性（authenticity）、②リフレクション（reflection）、③足場かけ（scaffolding）をあげている。

　　真実性を重視するとは、「学校で教えることは、将来ほんとうにその力が必要になる場面で要求される知力、つまり本物の知力とできるだけ同じであるように配慮するといい」ということです。（中略）次の足場かけという考え方は、（中略）「なにも始めから全部一人でできる必要はない、手助けしてあげればできることなら、どんどん手助けしてあげてでもできたほうがいい」という考え方です。（中略）再吟味を大事にする教育観を言い表すと、「結果よりも過程が大事、それよりももっと大事なのは過程そのものを自分で振り返って良し悪しを吟味して、もっといいやり方を工夫できる過程」という

ことになるでしょうか (pp. 110-111)。

　三宅の指摘する点を踏まえ、ICT 機器活用と授業のデザインを考えていきたいものである。また、協同学習と英語については、江利川（2012）などを参考に、誰でもがいつでも使えるコンテンツを集積していくことで、教育現場に役立つものが作成できると考えている。
　今回の研究で筆者らが学習者の「ノート」に注目したのは、ノートは生徒たちの理解の度合いや、振り返りによるまとめが書かれているからである。とくに中学生くらいになるとノートに対して、生徒たちの思い入れやこだわりが表れるようになってくる。たとえば、入学時には英語のノートは 4 本線の入ったものを指定するのだが、毎年数名の生徒は、英語専用ノートではなく、いわゆる大学ノートなどをもちたがったりする。しかし、ノートに何を書いていくかについては、授業者側の指導がまだまだ必要な時期である。重要な事柄なので黒板に書いているにもかかわらず、「これはノートに書き写しなさい」と指示を与えなければ、ほとんどの生徒はノートに書きとめることはしない。中学生は、あるいは高校生であっても各教科担当者から指導を受けるなかでノートを作成する力を身につけていく段階だといえよう。

　山内（前掲）は、協調学習の授業実践に CSCL を取り入れるメリットの一つに、コンピュータを使った議論や共同作業を通じて、自分の考えを頭の外に表現する外化を促進できる点を指摘する。頭のなかで考えていたことを明確化して、自分自身の理解を増進することにつながる。また、思考のリフレクション（内省・再吟味）を促すことが知られている。たとえば、考えたことをノート等にまとめる過程で、それを再構成したり、別の視点から新しいアイデアを思いついたりするのは、読者も日常生活で経験することであろう (p. 43) という。
　同様に佐藤弘毅（2011）も、電子機器の活用効果について生徒の視点からはノートティキングを取り上げている。ノートティキングとは、電子黒板に板書・提示されたデジタル教材を、生徒が「自分の言葉で」もう一度

ノートに書く活動である。

　ゆえに、本研究でノートを分析の対象として取り上げたことは、電子黒板の活用で生徒たちへの効果についてノートを通じて図るというものであり、意義があることであったと考える。ただし、上述したように英語科では独自のノート作成を行っており、十分にノートにまとめる力を検証することができなかった。今後は別のシートを準備するなどして検証を行っていくつもりである。

4　課題と今後に向けて

　以上の研究から IWB といった機器の導入についていえることを以下に簡単にまとめる。

　まず、ほとんどの教員が ICT 機器を扱うのは初めてということもあり、操作を一から覚えなくてはならない状況であった。そのことからは、新しい機器の導入に際して、予想以上に授業者側の心理的ハードルが高いということがみえてきた。あと一つは、教育現場は想像以上に忙しいということである。この研究推進にあたり共同研究者の時間割があわせられず、勤務時間内に会議を開くことすら不可能であった。それでも不定期な会議を何とか開き、研究を進めるうえで必要なことについて毎回真剣な議論を積み重ねていったのである。一年間、共同研究者である教員は、予想もしないことが日々起こるなか、懸命にそれらと対応しながら、電子黒板や書画カメラの活用に向けて取り組むこととなったわけだ。

　前述したように電子黒板の導入で、学校現場は変容することができることがわかった。次には、変容のあり方を問わなければならないだろう。わかりやすく教える授業から、子どもたち自身が学び創る授業に転換することが求められているのではないだろうか（赤堀, 2011）。

　この研究の成果として、学会にも教員が参加できるようになったこともある。教員によっては、ワークショップの講師を務め、ICT 機器活用について事例を紹介することができた。共同研究は、教育現場が多忙であっ

ても、学会への参加や研究への道を拓くことができるので意義があるといえよう。とくに若い世代の教員には、これからの教育に必要な知見を得、翻ってそれらを自身の教育に生かしていってもらいたい。

　筆者の心のなかには、「授業のユニバーサルデザイン」という概念が横たわっている。なぜなら、ユニバーサルデザインとは、障がいのある子どもには、「ないと困る」支援であり、どの子どもにも「あると便利」な指導方法であるからだ（佐藤愼二, 2012）。学校におけるユニバーサルデザインとは、具体的には、「誰にもわかりやすく、安心して参加できる教育環境をつくる」ことを目指すものである。学習指導では、「どの子にも学ぶ喜び、わかる楽しさを感得させ確かな学力が身についていく授業づくり」を目指すことである。中川他（前掲）も、「ぜひ、電子黒板の出現を、授業デザインの見直しのきっかけにしてほしい」と指摘している。

　小学校学習指導要領解説総則編の第5節では、「分かる喜びや学ぶ意義を実感できない授業は児童にとって苦痛であり、児童の劣等意識を助長し情緒の不安定をもたらし、様々な問題行動を生じさせる原因となることも考えられる。」と述べられている（教育課程実施上の配慮事項3「学級経営と生徒指導の充実」）。本来、学校はすべての子どもたちにとって楽しい学びの場であるはずだ。ひとりでも苦痛を感じさせてはならない場である。電子黒板の出現で導入校にはさまざまなムーブメントが起こったことを報告した。それは、機器が導入されたから起こったものではない。「機器を使おう」とする人たちがいて、さまざまな動きが生まれたのだ。

　今後も電子黒板が授業につまずきを抱えている生徒にとって、福音となるのではないかとの思いを抱いており、引き続き研究を続けていきたい。とくに授業がわかりにくいと感じている生徒たちにとって、電子黒板の活用について具体的に検証していくことは有意義だと考えている。それも早急に検証し、世に広めていかなければならないだろう。なぜなら、電子黒板は教育現場へますます導入されるであろうし、導入により個別学習や協働学習が広まっていくからだ。そのことによって子どもたち一人ひとりが主体的に学ぶことを後押ししていきたい。

■注

1　中学3年生の理科は4単位、高校2年生の化学基礎は3単位である。また、調査対象校はコースにより、設置科目やカリキュラムにそれぞれの独自性をもたせているため、対象学年すべてのクラスを検証することは物理的な要因により不可能となる。そこで、対象クラスは中学特進コースの中学3年3組、高校特進コースの高校2年4組、および5組とした。

2　中学3年生と高校2年生ともに、カリキュラムにおける実験の重要性に大きな差がないことは当然である。ただし、大学進学を念頭に置き、より速くカリキュラムを終えるためには、検定教科書に定められた実験のすべてをこなすことは、高校2年生においては、現実的に難しい状況にある。また、今年度より新課程となり、旧課程に比べて学習内容が増加したことも、この現状に拍車をかけている。

3　本書でいう実験ノートとは、板書ノートと別のものではない。当該授業においては、板書を写すために使用する場合も、実験結果を記載する場合も、同様のノートを使用させている。なお、実験結果の整理においては、大きなスペースを要すること、大学では一律A判の用紙を使用すること等から、A4判ノートを使用させている。

4　諸概念の関係性を視覚的にイメージする技法については、「概念地図」や「概念マップ」の他にもさまざまなものが知られている。本書においては、その手法の詳細についての考察を深めることよりは、そのような諸概念の視覚化において、電子黒板が果たし得る役割とその効果を検証するものであることをここでは確認しておく。

5　理解の深化については、第1章第3節「先行研究から得られる知見」で取り上げる。

【参考文献】

日本教育情報学会（2013）『年会論文集』29、沖縄大会。
赤堀侃司編（2011）『電子黒板・デジタル教材活用事例集』教育開発研究所。
今井順一・河村真一郎（2011）「高大連携による授業支援型数学デジタル教材の開発と評価」『工学教育研究講演会講演論文集』平成23年度（59）、公益財団法人日本工学教育協会、188-189頁。
上野貴子（2011）「電子黒板にできることできないこと」『日本教育情報学会第27回年会論文集』312-313頁。
江利川春雄編著（2012）『協同学習を取り入れた英語授業のすすめ』大修館書店。
小井戸政宏（2010）「子どものやる気を引き出し、確かな学力を付ける指導の在り方──電子黒板の活用を通して」『日本教育情報学会第26回年会論文集』316-317頁。
齋藤由紀（2013）「効果的な提示手法を求めて──電子黒板利用でまとめる力を育成する」『2013年度 第8回児童教育実践についての研究助成事業 研究成果報告書』公益財団法人博報児童教育振興会。

佐藤弘毅 (2011)「電子黒板・デジタル教材活用の留意点」赤堀侃司編『電子黒板・デジタル教材活用事例集』23-24頁。
佐藤愼二 (2012)『通常学級の特別支援──今日からできる！40の提案』日本文化科学社。
清水康敬編著 (2006)『電子黒板で授業が変わる──電子黒板の活用による授業改善と学力向上』高陵社書店。
玉木充 (2013)「学力向上をねらいとした授業でのICT活用──『教育スクウェア×ICT』との連携を通して」『第39回全日本教育工学研究協議会全国大会』宮城・仙台大会大会要項、20頁。
中川一史、中橋雄編著 (2009)『電子黒板が創る学びの未来──新学習指導要領 習得・活用・探究型学習に役立つ事例50』ぎょうせい。
三宅なほみ (1997)『インターネットの子どもたち〈今ここに生きる子ども〉』岩波書店。
山内祐平編 (2010)『デジタル教材の教育学』東京大学出版会。
山﨑吉朗 (2006)「対面式多人数授業のIT化──電子黒板を活用した語学教育の実践と結果」『フランス語フランス文学研究』(88)、日本フランス語フランス文学会、181頁。

column
教師主導の授業から児童が主体的に活動する英語の授業へ

　電子黒板が導入されたことにより教室環境は大きく変わり、それにともない授業のデザインの幅も広がった。以前は教師が見本を見せ、児童はそれをリピートするという単調なパターンが多かったが、電子黒板の活用によりそのような教師主導の授業からの脱却が可能となった。たとえば、『Hi, friends！』（文部科学省）に「クイズ大会をしよう！」という単元がある。その初めのページに事物の一部分を見て何の絵かを当てるゲームがあるが、電子黒板を使えば教師は一度見本を見せるだけで、あとは児童のみで活動を進めることができる。活動を進行する児童は、出題する絵を選び電子黒板をペンでタッチし、「Any other ideas?（他に意見はありませんか）」と質問する。不正解なら「That's wrong, but great job!（不正解ですが、とてもよいですよ！）」や「close!（惜しい！）」正解がでたら「That's right！（正解です！）」と言う。もう一度同じ絵をタップすると正解の絵があらわれ音声が流れるので、「Please repeat.（繰り返し言ってください）」と言って、全員でリピートをする。かぎられた教室英語とデジタル教材の使い方さえ知っていれば、どの児童でも進行役をすることができ、また進行役の児童を交代していくとリズムや雰囲気が変わり、授業に活気とメリハリがでる。児童が前で活動を進行しているあいだ、指導者は特別に支援が必要な児童のそばに行き個別に学習の援助を行うことができる。多くの児童にとって電子黒板は直観的に使用できるため、音声や画像が充実したデジタル教材さえあれば、児童に教師役を任せられる場面を増やすことができ、黒板のそばから離れることができるため、個々に対応した細やかな指導が可能となる。デジタル教材と電子黒板を活用し、児童それぞれの長所を生かした授業のデザインを心がければ、教師主導の授業から児童が生き生きと主体的に活動する英語の授業への移行へつながっていくだろう。　　　　　（横山貴之）

第2章

電子黒板の有効性

学習者たちは何を見、聞いているのか

はじめに

　2012年に電子黒板と出会って以来、このメディアのよりよい使用法について考えてきている。第1章では、私立の女子中学高等学校で電子黒板（以下IWBとする）を用いた授業に取り組んだことを紹介した。そこからは、以下のようなことがわかってきたと思う。

　一つ、より複雑な概念を理解させる場合にIWBを用いることが有効であること。

　二つ、授業スタイルの変化がみられること。授業スタイルの変化とは、従来では教員と生徒間での質疑応答が主であったものが、生徒間同志での教え合いや学び合うことが増加し、活発な意見交流がみられるようになる授業スタイルへと移行し、増えていくことを指している。

　三つ、質の高い授業が可能となること。なぜなら、IWBの活用は、授業の準備にかかる手間や時間を短縮してくれる。そこで生み出された時間を使い、授業内容の充実を図ることができるからだ。

　四つ、メソッドやコンテンツの共有化が進むこと。どんなに優れたメソッドやコンテンツでもそれをもっている教員が自身で活用しているとき、それらの有効性はその場に限定されてしまっている。隣の教員や同一教科内などで、複数で利用されるようになれば、価値をよりいっそう高めることができるではないか。共有化を進めることができれば、教科ごとで

指導法の充実が図れることとなっていく。

　いつの時代でもそうであるが、教育現場に新しい機器が持ち込まれるときには、使用する側に不安感があり、なかなか使用が広がらない傾向がある。ICT機器を使うことについても同様であるといえよう。しかし、研究校では、IWBは操作が簡単であることからか、比較的早い段階で教員のこの「食わず嫌い」傾向が減っていったと考える。

　また、管理職が積極的にIWBの活用を推進したことも功を奏した。夏季休業期間を利用して、すべての教室に一斉に設置されることとなり、授業スタイルの転換ということが、短期間に実現したのだった。少しずつ不安感が取りのぞかれるにともない、むしろ便利な側面へ注目が集まるようになっていく。その結果、教員間で活用方法について議論されるといった場面もみられるようになり、従来の授業方法を脱却し、IWBをできるだけ活用する授業が多数みられるようになった。その動きのなかで学校全体として質の高い授業を出現させられるようになったのである。

　このようにIWBの活用について研究を進めていくなか、IWBを使うことで、はたして生徒たちの心には何が残るのかといったことに疑問をもつようになった。つまり、従来の黒板での提示とのあいだで違いがあるのかないのか、視覚的に何が残っていくのか、どんなことが記憶されているのか、ということに関心を抱くようになったのだ。この章では、前章で紹介した研究に続いて行った2014年の研究を紹介していく。

1　本研究の概要

目的

　本研究の目的は、これまで述べてきた研究の続きにあたるもので、IWBを活用した授業で生徒たちがはたして何を見、聞いているのか。また、生徒たちにはどのようなものが記憶されていくのか、という問いについて探ることを目的としている。研究は二つの時期に分けて実施した。

　最初は、2014年5月から6月にかけて行ったものである。当時中学校

第3学年であった生徒たちの英語の授業に参加し、授業での IWB の活用方法ならびに生徒たちを観察した。

次に、2015年7月に高校1年生となった生徒たちに質問紙を用いて調査を行った。IWB で授業を受けるようになって2年が経過し、いわゆる新規性効果が減少傾向にあるといえる段階にきて、生徒たちは IWB についてどのような印象や考えをもっているのかを探ることとした。以上の研究を通して、今後教育現場に導入が進むと考えられる IWB の具体的な活用法について考察していくものである。

　この学年を研究対象としたのは、筆者が当該生徒たちを2012年には担任しており、全員に英語を教えていたからである。つまり全員の名前と顔を一致させることができるうえに、性格や勉強に対する姿勢といったことも把握していることから対象として選んだ。

　この中学校は、私立であることから英語の授業は週あたり4時間から5時間ある。特進クラスが1クラス、普通クラスが2クラスの計3クラスで1学年という構成である。

　中学3年生時には、普通クラスについても、定期考査により習熟度別にクラス編成がされていた。また、中学校の特進クラスへの入学条件は、本人や保護者の希望も聞いたうえで、学力試験で一定の成績を収めることである。翻っていうと、英語の力は中学1年生時には、とくに開きがあったわけではない。ところが、参与観察をさせてもらった2014年においては、特進クラスの生徒たちは、全員が英語の定期考査において平均点を上回る力をもつようになっていた。

　高等学校へ進学してからは、クラス数が5クラスへと増加したが、各クラスには平均して8名の内部進学生がいる。

2 2014年度の研究手法と結果

手法

授業を数回参観させてもらった。目的は、IWBの活用について観察を行い記録することと、生徒たちの様子をみてどのように学習しているのかを探ることである。各授業が終わるころ、授業担当者を通じて「振り返りシート」を配布してもらい、生徒たちに記入してもらった。表2-1に参観させてもらった授業の情報をまとめる。なお、表のクラスAとBは普通クラスを、Cは特進クラスを表している。

表2-1 授業参観日と学習事項

日付	クラス	内容	IWB活用方法	備考
5/2	A	受動態	教科書、単語	
	B	受動態	教科書、単語	外国人講師との連携
	C	受動態	教科書、単語	
5/16	A	単語	単語	
	B	現在完了	教科書	
	C	現在完了	教科書	
5/23	A	現在完了	教科書	
	B	現在完了	教科書	
	C	現在完了	教科書	
6/6	A	教科書の本文	教科書、単語	
	B	教科書の本文	教科書の内容に関する映像	花火の記述
	C	教科書の本文	教科書の内容に関する映像	花火の記述
6/13	A	教科書の本文	教科書の内容に関する映像	Fair Trade
	B	教科書の本文	教科書の内容に関する映像	花火の記述
	C	教科書に関連	教科書の内容に関する映像	Fair Trade
6/20	A	教科書に関連	教科書の内容に関する映像	Fair Trade
	B	教科書の本文	オーストラリアの写真	修学旅行
	C	教科書に関連	教科書の内容に関する映像	Fair Trade

表2-1の左側「日付」は、授業を観察した日付である。

「内容」に書かれているものは、クラスごとの授業で扱われた文法項目を示している。5月2日には、どのクラスでも受動態が教えられたのである。教科書の本文という記載は、とくに文法事項というものはなく、教科書の本文が教えられたという意味である。

「IWB活用方法」では、具体的に電子黒板で映し出されたものを表している。よって、「教科書、単語」という表記は、デジタル教科書（市販のもの）が使用されており、それに従い、教科書の単語や本文を学習したことを示している。また、「教科書の内容に関する映像」という表現は、教科書の内容に関してデジタル教科書を使用することなく、授業者等が自ら作成した教材を用いたことを表している。

「備考欄」には特別にその日にあったことを記載した。たとえば、5月2日、Bクラスには外国人の先生がやってきて、授業者とチーム・ティーチングをしたのである。6月6日、13日、20日の備考欄には、「花火の記述」「Fair Trade」といった文字が並ぶ。その当時教科書のレッスン内容で扱っていたテーマであるが、じつは深い意味をもっている。このことについては、次の特記事項で述べることにしたい。

◇**特記事項**

表2-1から、特進クラスと普通クラスで扱う内容にとくに差異があったわけではないということがわかってもらえよう。また、IWBの使い方も「教科書、単語」と書かれているものが並ぶ。これは、教科書に準拠して市販されているデジタル教科書というものを使って授業をしたことからこのような表記が並んでいるわけだ。

デジタル教科書とは、教科書の単語や本文がIWBの画面に現れ、単語なら音声を流すこともできるし、日本語の意味も提示することができるものだ。本文も同様で読み上げてくれるので、必要に応じて何度でも本文を提示し聞かせたり、読ませたりすることができる。

デジタル教科書が画面に出現したとき、生徒たちの多くは、まさに「釘付け」状態となった。しかし、それが2度目、3度目となっていくと、明

らかに画面への興味を失っていく様子が見て取れたのである。一方、使用者側の教員は、「デジタル教科書は、便利で楽だ」と感想をもらしていた。ここに筆者はIWBの使用に際しての落とし穴をみつけてしまった。これからIWBがますます教育現場へ導入されると予想できる。だから、生徒たちの反応をきちんとみながら工夫をしていかなければ、教室が無味乾燥な空間になってしまう危険性がある。IWBの特性を把握したうえで、教育効果をもたらすように考えて使っていく姿勢が求められるだろう。安易に楽だからという理由で使用すると、生徒たちからIWBへの興味を失わせ、画像に惹きつけられることを奪いかねないからだ。次の事例からもこのあたりのことを考えてもらえるだろう。

　授業を参観するなか、忘れられないできごとが一つ起こった。当時、実験校には教育実習生がきていた。その学生は大変熱心で、生徒たちのために"Fair Trade"という動画を自作してきたのだ。"Fair Trade"というのは、そのとき教科書で扱うテーマであったのだが、主眼は中学生たちに貿易を通して、貧困、あるいは途上国と先進国との貧富の差といった問題を考えさせるということである。この一見難しいテーマを、実習生は自ら作成した動画を用いることで、いとも簡単に生徒たちに伝えてしまったのであった。そのとき、すでにデジタル教科書に飽きを見せていた生徒たちの目が輝きだし、流れてくる英語を懸命に聴く姿を目にしたとき、参観していた筆者も感動を覚えたのである。デジタル教科書を使った授業では目にすることができない反応が、そこにはあったということを伝えたい。

　そのあたりの様子を生徒たちの記述を追いながら、もう少し詳しく紹介していこう。

　表2-2は6月6日と13日の中学3年生の授業の記録である。6月6日には、3クラスとも「花火師」のことを扱った映像を視聴した。この教材はデジタル教科書があれば、視聴できる映像である。しかし、Bクラスは、機械に何らかの不具合が起こり、音声がうまく流れなかった。13日にはA、Cの2クラスは"Fair Trade"に関する実習生が作成した映像を視聴し、Bクラスは再び「花火師」の映像を観たのである。クラスごとに生徒たちの記述内容をみていこう。

表 2-2　映像とその記述内容

組	人数（名）	6月6日		6月13日	
		教科書	映像の内容	教科書	映像の内容
A	14	14	0	1	8
B	22	8	6	0	15
C	16	4	10	0	15

　Aクラスでは、「花火師」の映像を観た6日には、「教科書」と全員が記述しており、映像の内容である「花火」あるいは「花火師」といった表現は皆無であった。ところが、13日に視聴した"Fair Trade"の映像になると、「教科書」という表現が激減し、かわりに視聴した内容を示す"Fair Trade"および「貿易」という記述をした生徒が8名にものぼることがわかる。このことから、視聴した映像によって、生徒たちは単なる教科書の内容を表すものと捉える場合と、そうではなく内容そのものを記述する場合があることを示している。つまり、"Fair Trade"の場合、映像が印象的であったことの示唆と捉えることができるだろう。

　Bクラスはどうであろうか。6日に「花火師」を観たときには、「教科書」と回答した生徒が8名、「花火」および「映像」などと回答した生徒が6名である。ところが、13日になると「教科書」と記述した生徒はおらず、「花火」および「花火師」と内容に言及した生徒が15名になった。音声と画像が同期することで、生徒たちは内容そのものに惹きつけられた結果、視聴した内容を書いたのだといえるだろう。

　Cクラスは、どうであろうか。6日の結果からは、他の2クラスに比べて映像の内容について記述する傾向の生徒が多いといえるだろう。6日と13日を比較してみると、13日は1名が欠席していたので、全員が映像の内容について記述したことがわかる。このクラスの記述からも映像の与えるインパクトによって、内容について言及する度合いが変わるということの示唆を得られるといえよう。

　この授業後、その実習生と生徒にインタビューをしてみた。実習生は、

「このテーマに興味をもってもらいたいと思って、インターネットなどで調べたことをもとにつくってみました」といった。筆者はさきほど見た画像が、彼女の手作りであることを実はこのときに知ったのである。生徒たちからは「すごくおもしろかった」「これから買い物するとき、Fair Trade って意識してみようと思う」などという声がたくさん寄せられた。筆者は、この授業をした実習生とそれを受けていた生徒たちの、双方の目の輝きをいまも忘れられないでいる。

　教員とは、教えることのプロではないのだろうか。「楽なこと」へと流れないで、一度一度の授業に精一杯取り組むという気持ちを忘れることなく、取り組みたい。同じ授業は二度とない。どの生徒もみんな「わかりたい」のだ。そのために、IWB も存在する。「IWB は楽だから使う」のではなくて、「IWB でこれを見せたい、聞かせたい。なぜなら、生徒たちに○○を伝えたいから」という気持ちをもってもらいたいと考える。IWB を授業で使うことがけっして目的ではない。よりよい授業を実現するために IWB をどう使うのかを考えていかなければならないのだ。

3　先行研究からの示唆

　IWB 活用の効果としては、どのようなことがいわれているのであろうか。先行研究をいくつかみていきたい。

　中川・中橋（2009）では、IWB 活用の目的として以下の四つのことをあげている。一つ、理解の補完と定着ができること。二つ、イメージや意欲の拡充ができること。三つ、学び方の定着と補完ができること。四つ、課題や疑問への発展があること。

　清水（2006）は、子どもたちの視線がどこにあるのかについて以下のように述べている。

　　人間の視覚の研究によれば、人は視線を移動させながら認識します。（中略）このようなことから、教師が注目してほしいポイントに子どもたちの視

線を一致させる必要があります。そのため教師は、授業中に指示棒を使ったり、色を使ったりして、重要な点に子どもたちの注目を集めています、それによって子どもたちの理解が高まります。／この点から考えますと、電子黒板に文字を手書きしたり、提示された図表に書き込みをしたりしながら説明すれば、子どもたちの視線は必然的に教師の手元を見ることになります。通常の場合、その位置が重要ですので、理解が高まると考えられます (p. 20)。

電子黒板に直接文字を書き入れることや、図表に書き込んで説明をするといったことが、生徒たちの注目を集め、理解に役立つことが指摘されている。

第一章でも紹介したが山内 (2010) は、情報技術を利用して学習者が他の学習者と相互に協同しながら学習するメリットとして、自分の考えを外化できる点、および思考のリフレクション (内省・再吟味) ができる点をあげている。

山内の指摘からは、IWB と協働学習の組み合わせにより、生徒たちの理解が促進されることが読み取れる。このことは、第 1 章の 2 節、(2)「授業スタイルの変化」(p. 26) のところですでに述べていることである。IWB の活用を念頭に入れて授業を考えると、従来ありがちであった教員から生徒への一方向の授業スタイルから容易に脱却することが可能となる。また、そうならなければ導入する意味がないと考えている。

横山他 (2013) では、中学校の数学と理科でタブレット PC と電子黒板を活用した授業実践から生徒たちの声、反応として「IWB を使ってインターネットの動画コンテンツを視聴して理解を深めることができ、実験結果の写真を見せながらわかりやすく説明できたことは表現力の向上につながった」と報告されている。

4　次年度の研究に向けて

　この中学校の英語授業では、文法関連事項についてはハンドアウトを作成し、それを配布している。また、授業スタイルも生徒のアウトプットを重視した構成となっており、生徒たちのノートをみて、どのようなことが理解され記憶されていくのか、といったことを客観的に捉えることは、難しい。そこで、〈手法〉で述べたような「振り返りシート」を用いて、生徒たちが何を見、聞いているのか、ということを探ることにしたわけである。

　生徒たちが何を見、聞いているのか、という問いに焦点をあてたのは、電子黒板が導入されるとデジタル教科書を購入し、利用する機会が増えると考えているからだ。先に述べたようにデジタル教科書は、教科書の新出単語や本文、キーセンテンスなどを提示することが容易にでき、さらに画面をなぞるだけで音声が流れてくる。筆者も最初デジタル教科書の英語授業を見たときには、惹きつけられたことを思い出す。しかし、数回授業を観察させてもらっているうちに、生徒たちが最初のときほど画面に集中していない様子が見て取れるようになったことをすでに紹介した。このことに警鐘を鳴らしておきたい。

　機器といったものは、最初こそ魅力をもつが、時間の経過とともにその魅力が減じていくように思える。当初惹きつけられることを、新規性効果と呼ぼう。そこで、この新規性効果がある程度なくなり、IWBの画面にとにかく惹きつけられるという雰囲気が落ち着いたところで、生徒の様子を調査する必要性を感じたわけである。そこで2015年の段階になり、生徒たちはIWBを活用した授業から何を見、聞いているのかを探ることにした。

5 2015年の調査

目的

電子黒板が比較的活用されている教育現場で、生徒たちは何を見、聞いているのかについて調査をする。そのことから電子黒板のよりよい活用法について探っていく。

手法

2015年7月に、電子黒板に関する5つの質問と1つの自由記述からなる質問紙を用いて調査を実施した。対象生徒は、京都の私立女子高等学校1年生である。全員普通科の生徒で、181名分の回答を得た。そのうち有効回答数は175名分であった。

結果 5つの質問への回答から

電子黒板についての5つの質問への回答をみていく。表2-3に全体の回答傾向をまとめた。回答には、5から1までのスケールが示されており、そのうち5、3、1、の部分には、5「とてもそう思う」、3「どちらでもな

表2-3 電子黒板についてのアンケートの結果

	①電子黒板の提示はわかりやすい	②電子黒板の字は、従来の黒板の字よりも見やすい	③電子黒板は、見ると疲れるのであまり使ってほしくない	④電子黒板は音も出るので惹きつけられる	⑤電子黒板を使った授業は好きだ
5	24	8	13	13	15
4	75	28	20	39	36
3	62	81	89	91	105
2	13	43	35	18	16
1	1	14	18	12	3
計	175	174	175	173	175

い」、1「まったくそう思わない」というふうに数字と言葉が書かれているようにした。2と4は、数字のみで言葉は何も書かれていない。

　表2-3を見ると、どの項目でも3を選んだ生徒たちが多いことがわかる。全体が175名とすると、半数は87名程度であるから、質問3から5までは半数を超える生徒が「どちらでもない」を選んでいる。

　ここから各質問について、詳しくみていく。まずは、「電子黒板の提示はわかりやすい」かどうかについてである。グラフで示す（図2-1）。

　5「とてもそう思う」を選んだ生徒が14%、それに4を選んだ生徒43%を加えると全体の約57%の生徒が「電子黒板の提示はわかりやすい」と肯定的に考えていることがわかる。自由記述欄での回答では、「社会、パワーポイントなどの授業が多く、いろいろな動画を見せてもらったりしてわかりやすかった」や「社会、歴史の資料や地図を見せてもらったこと」「数学、図形を動かすことで同じ角の図形などがわかりやすかった」「数学、図形とかで点Pが動くとかの問題で点Pが動いたから感動した」といった意見がみられた。教科ごとについての意見については、後でまた別に紹介する。

　これらのことから、IWBを用いて提示することについて、効果が上がることが期待できるといえよう。わかりにくい複雑なことがらなどを理解させたいときに、IWBは役に立つことができるだろう。

　図2-2は、字についての回答結果である。3を選んだ約46%（半数）の生徒が黒板の字でもIWBの字でも「見やすさ」に差はないと答えている。IWBが「見やすい」と回答したのは、5と4をあわせて約20%、黒板の字のほうが「見やすい」と感じている生徒は、2と1をあわせた約32%であり、黒板の字のほうが「見やすい」と感じている割合が10%ほど高い。

　教員からもIWBの字について、「黒板のような書き心地が得られない」との声も聞くことがある。IWBは太さや色を変えることができるので、教員は使いながら自分にあった太さや書きやすさに慣れていってもらえればいいのではないだろうか。自由記述欄では、「黒板を消す必要がなくていい」「服が汚れないし、空気も汚れない」という意見がみられた。これ

第 2 章　電子黒板の有効性　　55

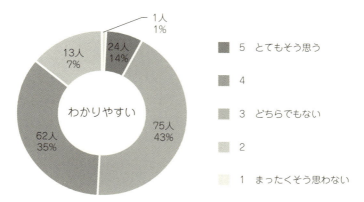

図 2-1　電子黒板の提示はわかりやすいか

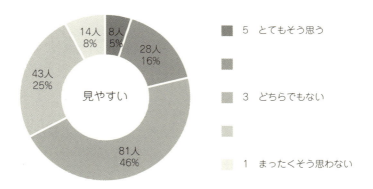

図 2-2　電子黒板の字は、従来の黒板の字よりも見やすいか

らの特徴は、IWB のもつ優れた点である。

　教室でたくさんの板書が必要になったとき、いったん書いたものを消して、あらたに書くということをしなくてすむのは、IWB の便利なところである。

　図 2-3 のグラフの読み取りには少し注意が必要である。回答の 5 は「とてもそう思う」、1 は「まったくそう思わない」となっているからだ。質問 3 は「電子黒板は、見ると疲れるのであまり使ってほしくないか」と否定文で尋ねている。よって、「使ってほしくない」と回答した生徒は、5

と4をあわせて約19%。一方、「そんなことはない、使ってほしい」と回答した生徒は、1と2をあわせて約30%もいるということになる。今回の調査では「使ってほしい」が「使ってほしくない」を上回る結果となったが、「何を、どこで、どんなふうに」見せるのかについて検討しながら使い方を探る必要があるということを忘れてはならないだろう。言い換えると、IWBのもつ良さを生かした授業を考えていかねばならないわけだ。

さらに、自由記述欄には、IWBの画面を見ていると「目が痛くなる」「目がチカチカする」ひいては「頭が痛くなる」という声があった。画面の見やすさへの配慮、つまり授業時間50分のうち何分間程度IWBを使うのか、授業の流れのなかでどの部分で活用するのが効果的か、といったことを含めて活用の仕方を検討していく必要があるだろう。とくに教室の明るさ、IWBの置き場所といったことを、それぞれの教室で気をつけながら設置することも求められる。

2014年度の研究で、IWBを活用した英語の授業について報告した。英語ではデジタル教科書などを使った授業も教育現場へ導入されると考える。次はその流れのなかで設置した質問である。言い換えれば、IWBは音声も提示できるので、そのことについて生徒たちの感想を知るためである。

図2-4「電子黒板は音も出るので惹きつけられるか」については、5と4をあわせて約30%の生徒が肯定的な回答を寄せた。一方、否定的な意見は、1と2をあわせて約17%であった。半数の約53%の生徒は「どちらでもない」と感じているようだ。この結果からは、IWBの場合、音声も聞くことができるということが魅力となり得るといえるだろう。

筆者も2013年に短期間ではあるが、英国へ留学し、実際に英語授業を受けたのだが、動画を見てディスカッションするといった授業が少なくとも日に一度はあった。日本の生徒の年齢に応じた番組を探して、それらを、IWBを通して教室で提供できるようになれば、よりオーセンティックな英語というものを授業で容易に提供することができるようになると期待しないではいられない。

生徒たちは、IWBを使った授業が好きなのだろうか。図2-5は、その

第 2 章　電子黒板の有効性　　57

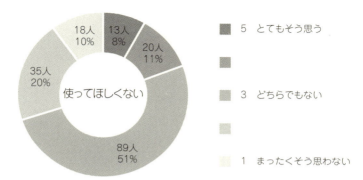

図 2-3　電子黒板は、見ると疲れるのであまり使ってほしくないか

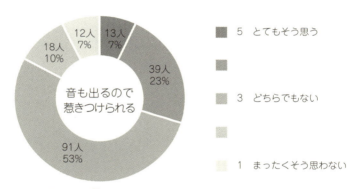

図 2-4　電子黒板は音も出るので惹きつけられるか

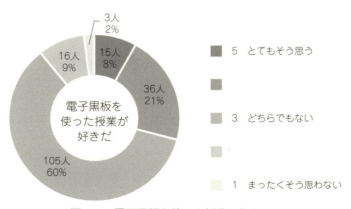

図 2-5　電子黒板を使った授業は好きか

問いに対する回答結果である。「好きでも嫌いでもない」が約60%であった。「好き」と回答したのは、5「とても好き」と4「まあまあ好き」をあわせて約29%である。反対に、「あまり好きではない」は約9%、「まったく好きではない」は約2%となった。数字のうえからは、「好き」が「嫌い」を20%ほど上回ったわけだ。生徒たちの肯定的な意見を胸に、どのような授業を展開していくべきか、各教科の特性をみながらさらなるIWB活用法を深めていきたい。

ここまで5つの個別の質問に対する回答をみてきたが、ここからは生徒たちが自由に記述した回答について報告する。

6 自由記述からの示唆

自由記述欄に回答した生徒は、78名で、今回調査対象となった生徒全体からすると約44%の生徒がIWBについて何らかの意見を寄せたことになる。それらの意見のうち、肯定的な意見は67名（約86%）、否定的と思われる意見は、数値としては11名（約14%）であった。まずは肯定的な意見についてみていきたい。肯定的な意見について、教科ごとに表2-3に整理をした。教科では、意見が寄せられた数に従うと、数学、英語、社会、理科、国語の順ということになった。また、とくに1教科に絞れない意見も24人分あったので、「全般」としてまとめている。

表 2-4 教科別電子黒板への肯定的意見

教科	数学	英語	社会	理科	国語	全般
人数（名）	17	10	8	7	1	24

書かれた意見をここから教科別にして紹介する。

数 学

・計算がとても見やすかった。

- 集合という単元で図を使って説明してくれたのでわかりやすかったです。
- 図形がきれいに描けるのでわかりやすかった。
- 図形を動かすことで同じ角の図形などがわかりやすかった。
- 図形とかで点Pが動くとかの問題で点Pが動いたから感動した。

　数学では、図形や図示するという場面でIWBが活躍しているようである。

英　語

- 単語や英文を読める。
- イラストや文と一緒に音声も読まれるので印象に残りやすかった。
- 大事な所は☆マークなどをつけられるのでわかりやすい。
- 英語の和訳などを書いたこと。
- 英語や数学の教材が入っている（中学）ビデオを見ることができる。
- 英語で教科書の言葉が流れたこと。
- 中学の時、英語で音楽を聴いたこと、数学で点の移動をしたこと。

　英語では、デジタル教科書を使った授業の記述がみられる。上から四つ目の意見「英語の和訳などを書いたこと」とあり、IWBでは、生徒にそれを使わせていくことで重要な事柄を印象に残すといったことも黒板同様にできる。生徒が黒板に何かを書くといったことが当然IWBでもできるので、それをうまく使って理解を促進させていきたいものだ。

社　会

- パワーポイントなどの授業が多く、いろいろな動画を見せてもらったりしてわかりやすかった。
- 歴史の資料や地図を見せてもらったこと。
- 世界史　写真を見せてもらったこと。
- 世界史　地図を見て都市や国の位置を確認した。
- 世界史や日本史の図が拡大できるので見やすい。

- 中2の社会、陰陽師を見た。
- 中学のときに、社会の先生が必死に電子黒板を使うのが印象に残っている。
- 日本史の授業が、前は言葉だけでわかりにくかったけれど、プリントと同じになってわかりやすくなったこと。

　社会では、資料などが大きく提示されることで、生徒たちの理解が促進された様子が伝わってくる。とくに女子生徒は地理に苦手意識をもっていることが指摘されるが、第1章でも触れたように、地球儀と資料集の図などを併用して提示することで、生徒の興味や関心を惹くことができたようである。

　理科と地学
- 高校、科学の授業で放射線についてのビデオを見たこと。
- 地学映像を見せてもらった。
- 地学で映像を見せてもらった。
- 地学で動画を見せてもらった。
- 中学校時代の理科で実験動画を見せてもらった。
- 難しい地学の地形のプレートの話をビデオで見せてもらったこと。前の授業のものが残っているからまたすぐ復習できたこと。

　理科と地学への意見からは、映像を見たことが多数指摘されている。どのような映像であったのかまではわからないが、よほど印象に残ったのだろう。「口で説明するよりも見せたほうが早い」と感じたら、IWBで映像を流すことを一つの選択肢として思い浮かべてもらいたい。

　国　語
- NIEをして、新聞記事を見せてもらったこと。

　国語に関しては、自由記述はこの意見だけであった。NIEというのは、新聞記事を使っての読解力をつけるという取り組みである。今回被験者に

なってもらっている学校では研究対象校として積極的にこの取り組みを推進している。新聞記事も新聞で読む場合とIWBを使い大きな画面で見るのとでは当然見え方が違うのだろう。画面に映し出された記事に書き込む、一部を取り出す、そういったことで理解が深まっていったのかもしれない。

　国語の教員にも協力してもらい、2013年の研究をしていたのだが、IWBというよりは、書画カメラを使い、長文などを画面に映し出すことが非常に便利である、との意見を聞かせてもらった。たしかに、国語や英語といった教科では、長文を書かなければならないことがある。IWBや書画カメラがあれば、模造紙に書くといった苦労をしなくてもすむ。

> 全般（肯定的な意見）

- イラストなどがわかりやすい。
- 家庭課の授業でよく使われる。私がよいと思ったのは、数Aで電子黒板の上にホワイトボードをかぶせると見えやすい。そして、電子黒板のペンの書き心地はよい。
- 消す作業がいらないのと、前の文などを見ようとしたら戻れるところが便利で印象的。
- 写真などを一度にたくさん見ることができる。
- 授業に関係する映像を見せてもらった。
- 図など正確でいい。
- 動画も見られるのでいいと思う。
- よくわからない難しいことを動画で見られる。
- 電子黒板は楽しい。

　IWBに関して、とくに教科などではなく、全体としての意見を書いているものをまとめて紹介した。まずは、肯定的な意見だ。図やイラスト、写真など、IWBの大きな画面で提示されることで、印象に残ったり、わかりやすかったりしたことが、生徒たちの記憶として残ったことがわかる。2013年に行った研究でも、理科での複雑な構造をもつ物体の構成を

図示することで理解を促進させたことや、数学で、平行四辺形の一辺が動いても面積自体に変化がないことなどを理解させるといった場面で、IWBが活躍したことを彷彿とさせる。

> 全般（否定的な意見）

- トラブルが多すぎる。
- ペンで書くときに、時々ずれて調整する。
- たまに反応が悪くなったりするときがある。
- 電子黒板になってから視力が落ちた。目がちかちかする。
- 電子黒板の文字が小さくてつぶれていて読みにくかった。
- 電子黒板はよいと思うが、やっぱり光で目が痛くなる。ホワイトボードは反射して見えなくなるので少し不便。
- 光で文字が一番後ろの席からだとよく見えない。
- 目が痛くならないように、使うときに周りを暗くするから寝てしまう人がいる。
- 目が悪くなった。
- 角度によって反射して見えにくい。

これらの意見のうち、いくつかはすでに紹介したが、「目が痛くなる」という意見にはやはり留意したい。すでに触れたことでもあるが、IWBが導入されてまもない教育現場では、教員が奮起してIWBを使おうとされるだろう。その気持ちからついつい使用過多となってしまう事態を招くことを怖れるわけだ。授業時間中、すべてを生徒たちがIWBを見つめ続けるようなプランにしてしまうのはできるだけ避けたいということを、ここに再度書かせてもらう。また、視聴する際は、くれぐれも照明や窓からの採光等に気をつけて、生徒たちの身体へのいたわりを忘れないようにしていきたい。

畠山（2014）などが指摘するように、IWBは非常に高価なものである。だから導入したならば、授業者側は、単にデジタル教科書を使い、ボタン

を押すだけにならないような授業を構築していかなくてはならないのではないだろうか。村上（2015）は、視力が弱い学習者に大型のディスプレイを電子黒板として利用する試みから以下のようなことを報告している。

　　背景色を黒色に文字色を白色に出来るためコントラスト比が大きく、弱視にとって羞明が起きにくいという特徴があり視認性が良い。さらに、従来の黒板の手書き文字に比べて電子黒板の文字形がはっきりしており、視認性が良いと言った様々な利点がある。そのため学生の評価もよい。(p. 1)

　今回、回答してくれた生徒は、中学校からIWBを使ってきている内部生もいれば、高等学校にきて初めてIWBを使った授業を受けている生徒もいる。内部生にとっては、IWBはもう3年弱のつきあいのある機器である。一方、外部生にとっては4月入学以来、わずか3カ月のつきあいしかない。それでも多くの生徒が、筆者の問いかけに真摯に回答をしてくれたことに感謝する。

　2013年にIWBの実際を知るために英国に渡った。英国ではあたりまえのようにIWBが各教室にあり、少なくとも筆者を受けもった7名の教員全員がこの機器を使い授業を行った。そこからは、事前の準備から当日の使用、事後の課題との連携など、実に多くのことを学ぶことができた。機器は使ってこそ意味がある。「しかし、当然ですが、ICTを用いれば、すべてがうまくいくものではありません」（芝池他，2014）。今後も授業でのIWBの有効活用について研究を続けていきたい。

【参考文献】

齋藤由紀 (2015)「電子黒板の有効性 —— 学習者たちは何を見、聞いているのか」『日本教育情報学会第31回年会論文集』244-245頁。

佐藤愼二 (2012)『通常学級の特別支援 —— 今日からできる！ 40の提案』日本文化科学社。

芝池宗克、中西洋介著、反転授業研究会編 (2014)『反転授業が変える教育の未来 —— 生徒の主体性を引き出す授業への取り組み』明石書店。

清水康敬編著 (2006)『電子黒板で授業が変わる —— 電子黒板の活用による授業改善と学力向上』高陵社書店。

中川一史、中橋雄編著 (2009)『電子黒板が創る学びの世界——新学習指導要領 習得・活用・探求型学習に役立つ事例50』ぎょうせい、1-6頁。

畠山義啓 (2014)「スマートフォン、タブレットによる教授法」『高田短期大学紀要』第32号、183-190頁。

村上佳久 (2015)「電子黒板と手元型電子黒板の活用」『筑波技術大学テクノレポート』第22巻第2号、1-6頁。

山内祐平編 (2010)『デジタル教材の教育学』東京大学出版会。

横山隆光、竹中正仁他 (2014)「中学校数学・理科におけるタブレットPCと電子黒板を活用した協働学習」『教育情報研究』第29巻第3号・4号合併号、日本教育情報学会、37-42頁。

column
デジタル・ネイティブがつくるクリエイティブな教材作成の魅力

　筆者がイギリスの中学校にAssistant Language Teacher（ALT）として勤務していたころ、教職員のあいだでしばしば「digital natives（デジタル・ネイティブ）」という言葉が使われていた。現代の小学生は、デジタル機器の操作方法をまさに母語を学ぶのと同じように習得していると言われている。学校や家庭だけでなくさまざまな場面で、パソコン、スマートフォン、タブレット型端末などを使用する機会があり、それらの機器の基本的な操作方法を自然に習得している。デジタル・ノンネイティブともいえる教職員と比べると、何の説明を受けなくてもある程度の操作ができてしまうと言える。電子黒板の導入は、そんな現代の小学生のかぎりない可能性を表現する場にもなっている。筆者の勤務校では毎朝9分間、月曜日から金曜日までの5日間、英語を学ぶ時間を設定している。毎朝の学習は、教員があらかじめ作成した教材を使って、英語係を中心に、児童が主体となって活動を進行していた。ある日、昼休みに6年生の教室に行ってみると、電子黒板のまわりに英語係の児童が集まっていた。何をしているのかを聞くと、朝の英語学習で使うためのフラッシュカードをつくっているとのことであった。授業で学んだ英単語をリストアップし、各学級に据え置いてある英和・和英辞典で意味と読みを確認し、Google Imageなどのウェブサイトを使って画像を検索し、Microsoft Power PointやActivInspireなどのソフトウェアでフラッシュカードを作成していた。画像の選択やアニメーションなどの使い方など、児童の目線で作成された非常に興味深い教材であり、あらためて児童のもつ可能性に感動した。その後、教材作成から活動の進め方など、より多くの面で教員と児童が共にアイデアを出し合えるようにした。このように電子黒板はデジタル・ネイティブである児童の表現力を生かし、さらには教員と児童の協働の場を生み出す可能性を感じている。

（横山貴之）

column
教材共有と管理の視点から見た電子黒板の効果

　小学校で英語を教えたことのある人なら、1回の授業でどれだけの種類と量の教材が必要かわかるだろう。45分の授業のなかでCD、フラッシュカード、絵本、ゲームのワークシート、振り返りシートなど、さまざまな教材が必要であり、それらの準備は「聞く」「話す」を中心とし、児童の関心・意欲を高める授業を実施するためには不可欠である。しかしながら、そのようにして莫大な時間と労力をかけて作成した教材も、次年度には教材室の奥底に保管され、二度と日の目を見ないということもしばしばではないだろうか。その一つの原因として、教材が大量なぶん、保管場所もかなりのスペースを要し、種類も豊富なため、どこに何があるのかを把握すること、管理することが非常に難しいということがあった。電子黒板の導入により、教材のデジタル化が進み、これらの管理や共有が迅速かつ非常に容易になった。教材を保存する際に「年度」「学期」「学年」だけでもフォルダ分けしておけば、検索は随分と円滑になる。学内の共有フォルダなどを使い、各学年で系統的に教材を保存しておくのもよいだろう。電子黒板の板書内容も保存しておけば、次年度に担当学年が変わっても、前年度の担当者がどのような板書をし、どのような教材を使ったのかを即座に知ることができる。このように電子黒板の導入によって、年度末の引き継ぎはもちろん、全教員で学習内容の詳細を把握することができるようになった。小学校では学級担任が複数の教科を担当する。英語は担当教科の一つであり、英語以外の教科における教材開発や研修も必要である。よって、授業・教材研究の時間を工面して生み出さなければならない。電子黒板の導入により、迅速な教材共有とわかりやすい教材管理が可能となり、より多くの時間を単元構想や授業計画に費やせるようになった。このように、授業外においても電子黒板は大きな役割を果たしている。

（横山貴之）

第3章

英語授業を例に電子黒板の活用を考える
よりよい授業を目指して

はじめに

　よりよい英語の授業とはどのようなものだといえるのだろうか。この問いに答えるために、つまらない英語の授業とはどんなものだろうと自問してみた。すると、以下のような生徒と思えるつぶやきが聞こえてきた。「自分とは関係のないことをいってもね」「そんなこと興味ないし……」「授業中日本語ばかりいっていて、英語話せるようになるのかな」などである。だとすると、生徒たちに関係のあるようにして教えればいいのではないだろうか。英語を聞いて、話すこと、英文の内容を自分で表現すること、つまり生徒が興味や関心をもっていることを英語で伝え合う、そんな空間を教室で実現したい。そのとき、「よりよい英語授業」が実践できていると考える。生徒たちの「わかった」という笑顔に出会いたい。

　筆者は、授業の準備を入念にすることから、よりよい授業は始まると考えている。もちろん、事前に入念に計画をし、教材等も準備して臨んだとしても、授業が始まった瞬間から、生徒たちの反応が予想と違ったりして戸惑うこともある。そう、むしろ戸惑いの連続だともいえる。失敗したからといって、巻き戻してもう一度というわけにもいかない。「授業は生きもの」といわれるゆえんだ。だからこそ、授業前に立てる計画、授業案作成には十分取り組みたいし、同時にそのことは喜びであり楽しみな時間でもある。よりよい授業を目指す第一歩、それは授業を計画すること、授業

案を立てることから始まるのではないだろうか。

　この章では、前半では、よりよい英語授業をつくり出すと考えられる理論に基づきながら授業について考える。後半は、筆者が日々取り組んでいる実践と電子黒板活用事例のいくつかを紹介していくことにする。まずは、授業とは何かを問い直してみたい。

1　授業の基本的な考え方　　市川の「教えて考えさせる」主張をもとに

　ここでは、市川（2013）の主張を紹介しながら、通常学校で英語の授業を行う際、教えるとはどういうことなのか、どのように教えることがよいといえるのか、について考えてみたい。

　授業とは、教室という場で、学習する側の児童生徒（以降生徒とする）、教授する側の教員がいて行われる活動とする。その場合、生徒と教員の関係性をそこで行われる活動である「教える」ことと「考え（させ）る」ことの二つを軸にして捉えてみると図3-1のようになり、四つのカテゴリー（A, B, C, D）に分けられることがわかってもらえるだろう。

　縦軸には、生徒が行うこととして「考える」ことを、横軸には教員の活動として「教える」ことを置く。Aは「教えない」が「考えさせる」、B

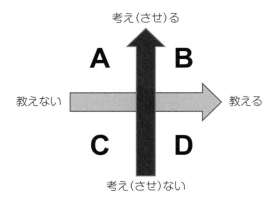

図3-1　「教える」ことと「考えさせる」ことの関係図

は「教える」し「考えさせる」、Cは「教えない」し「考えさせない」、Dは「教える」が「考えさせない」ということになる。そこで、これら四つのパターンが授業で行われるとするとどのようなことになるのか、整理してみよう。

　AとCの場合、教員は「教えない」のであるから、教員の役割が果たせていないといえるだろう。教員不在の授業が、学校で出現しているわけだ。授業で、教員が果たす役割がまったく果たせていないのであるから、通常こういったことは学校で起こっているとは考えにくい。生徒が自らの学習を進めるだけの授業になっているのだから自習でもしていることになる。

　AとCを比べてみると、Cは「考えさせない」のだから、生徒は何らかの作業はしているかもしれないが、まったく「考え」なくてもできることを行っていることになるだろう。つまり単純作業をしている、あるいはもっとレベルを落とすと単なる時間つぶしを行っているわけだ。一方、Aの場合は、生徒は「教えられていない」が「考えさせられて」いる。具体的には課題作成に取り組んでいるといったことや練習問題を解いているなどといった姿が目に浮かんでくる。

　次は、BとDの場合である。どちらも教員は「教える」ことをしている。しかし、生徒はその結果、「考える」のか「考えない」のかという点が違っているわけだ。あることを「教えた」として、その後生徒たちが何も「考えない」のだとしたら、生徒たちは成長できるのであろうか。

　生徒たちの成長とは「考える」人になってもらうことだと考えている。それゆえ、授業はBのスタイルであるべきだという市川の主張に筆者は賛同するのである。

　さて、市川（2013）の主張「教えて考えさせる授業」ということと英語という教科との相性をみてみよう。

　　英語というのは、知識・理解と技能習得という側面をあわせもった教科である。どちらの側面も、「教えて考えさせる授業」に非常に乗りやすいと言える。(中略)学力低下が最も顕著な教科と言えば、私は学習相談の経験上、

「中学校の英語」と答えている。今回の学習指導要領改訂で導入された小学校の英語活動についても、私は、「<u>楽しい中にも、知識・技能の習得目標が込められている</u>」というものであってほしいと切に願っている。(p. 61、下線は筆者)

英語の授業を考えるとき、文中「知識・理解」の側面というのは、英語の文法や語彙などを知識として理解させることになるだろう。また、「技能習得」とは、習った文法などを実際の場面で運用する力をつけることということになるだろう。一例をあげると、動詞の変化を教えて生徒が過去形や過去分詞を書けるようになったとしよう。しかし、それは「知識・理解」をしただけにとどまる。問題は、必要なときに「知識・理解」したことを使えるかということだろう。つまり、昨日のことを話す際に過去形で表現できるようになることが求められているわけである。授業案を立てる際、この二面を意識することが手がかりとなると考える。また、「楽しい中にも、知識・技能の習得目標が込められている」という市川の願いにも、英語を教えるものならば答えたいものである。さらに、「教える」ということについて、市川（2013）は以下のように述べている。

「教える」というのも多義的な言葉だが、ここでは「<u>教師からの説明として、何らかの情報提示をする</u>」というごく一般的な意味で用いている。(p. 14、下線は筆者)

本来、図3-1で示したAやCにあたる「教えていない授業」は学校では起こらないはずであるが、実際にはしばしば目にしてしまうことがあるのではないだろうか。市川の言葉を借りれば「何らかの情報提示」ができていないようなことが起こってしまうのである。その原因として、おおよそ以下にあげる三つの問題があるように感じている。

一つ、授業や活動の目的が不明であるような場合。生徒に何か指示をするならば、そこにはその教科習得に至る何らかの目標が存在しているはずである。しかし、目的や目標のない活動をするように指示されることがあ

る。なぜこのようなことが起こるのだろうか。筆者の考えるに、学校というところは、時間割というスケジュールで管理されており、教員にとって出会う人というのは、担任しているクラスの生徒と同僚の教員だけである。ある意味、非常に閉鎖的な空間であるため、何も意識することなく昨日と同じ今日を生きてしまいがちなところなのだ。そこで、「意識化」ということが非常に重要になってくる。今日のこの授業の目的は何なのか、今生徒に指示するのはどのようなことか、といったことを意識しなければならない。まさに、「考える」ことは教員にとってもつきない。

　二つ目に、教員が教えていないことに気づいていないときがある。上の問題とも絡んでいるが、根底には担当している生徒への興味や関心の希薄さという問題が横たわっているのではないだろうか。教科を担当するなかで、一人ひとりの生徒が、何が苦手で、どのようなことを得意と感じているのか。あるいは不得手に思っているのか。教科書の読みが好きなのか、話すことになると喜々として参加するのか、そんなことをきちんと把握していきたいものだ。生徒はいま、ともに生きている人であり、やがて教員を乗り越えていく存在なのだから、決して自分より劣位にいるわけではない。実際、生徒たちからはむしろ学ぶことが多いわけで、ともに成長していくパートナーであることを自覚し、そういう目で向き合いながら授業を行うことが基本となるだろう。

　最後に、授業計画の杜撰さがある。授業の目的が確定されておらず、生徒の実態を把握しきれていないようなときには、授業で行う活動と活動に有機的な結びつきが生まれてこず、ちぐはぐな活動が時間枠に無理にはめ込まれたような授業になりがちだ。このような授業を受けたとしたら、おそらく生徒たちには何の達成感も高揚感も感じられないだろうし、ましてや英語力の向上など望むべくもない。だいたい授業を計画している側の教員自身もおもしろくないはずだ。教員が笑顔にならずして、生徒たちが笑顔を浮かべることができるだろうか。授業計画を立てるときには、せめて「この教材を見せたら、生徒たちは驚いてくれるかな」などとわくわくしながら作成していきたいものだ。

　筆者は、授業に行く際「この1時間だけがんばろう」と自分に言い聞か

せるようにしている。こういうと悲壮感が漂うかもしれない。実際、授業準備が十分でないと不安があるものだ。だから、そうならないために授業案を作成し、活動を計画することにしている。

　授業は、生徒だけでなく教員もわくわくするようにしたい。「あの活動をしたら、生徒たちはどんな反応をするかしら」「作成したパワーポイントの画面を見て『わかりやすい』っていってくれるかな」などと考えるのは楽しい。授業の前段階を楽しむ、このことからよりよい授業は始まっているといえないだろうか。そして、考えて練り上げたプランを授業で実践していく。そして、授業をやった後の反省が次の授業への足がかりとなっていくのだ。この一連の流れを楽しみながら、今日の1時間を迎える。

　毎回の授業では、前回までに学習したことを踏まえて、新たなることを教えること、それが基本なわけである。ここでいう新たなることとは、何も生徒たちにとって本当に初めて知ることでなくてもいい。前回までの学習で理解が足りていない部分の補足をしてもいいし、次の学習のための伏線的な事項でもかまわないだろう。ただ、前時の学習よりも質やレベルがアップしているものであるべきだ。Krashen（1982）が主張するところの"$i+1$"といわれるものだろう。「生徒たちは朝、家を出て登校し、1日の学習を終えて帰宅したとき、昨日よりも賢くなっているはずだ」とは、ある研修会で聞いた忘れられない言葉である。

　教員は毎時間の授業で本当に「教えている」のか、常に自問する必要があるのではないだろうか。上述した「教えていない授業」というのは、「教員からの説明として、何らかの情報提示をする」とうことができていない授業だと考えるならば、毎時間何らかの情報を開示できているかどうかを自分でチェックすることで、教えているかを確かめられる。

　宿題として「問題集の〇ページをやってくるように」と指示し、次の授業で解答をするという授業がある。このタイプの授業を、先の市川の主張と照らしあわせて考えてみると、情報提示というものがまったくできていないことに気づく。

　一方、生徒の立場でこの一連の流れを整理して、「考える」ということがどこで起こるかをみてみたい（図3-2）。すると「宿題をする」時点で

第3章 英語授業を例に電子黒板の活用を考える　73

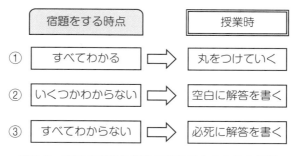

図 3-2　宿題の解説を授業で行う場合の生徒の行動

生徒は大きく三つのタイプ（①〜③）に分けられるだろう。

「宿題をする」段階で、①のケースは解答がすらすら書けるレベルの生徒たちである。だから教員が解答をいうだけの授業では、単に丸付けをしていくだけになる。たまに教員の答えが自分のものと異なっている場合は、質問することがあるかもしれないが、「考える」ということはあまり頻繁に起こらないだろう。問題がやさしいので、宿題をするときも、授業でも退屈してしまう姿が浮かんでくる。

②のケースは、宿題をする段階では、ある程度「考える」ことができただろう。けれども授業では空白に答えを書くことだけになりがちである。「なぜだろう」という疑問をもつことができれば、まだ「考える」ことができるだろう。しかし、たいていは正答を書き込むことだけに意識が集中してしまい、「考える」ことができずに進んでいくのではないだろうか。「考えない」ので、当然疑問ももたないということになるという懸念を抱く。ちなみに筆者が担当した生徒のほとんどは、答えを書き写せなかったような場合にだけ、質問をしたものだ。

ケース③、宿題をする段階で問題の「すべてわからない」のだから、手立てが必要だと思える。問題のレベルが高すぎるのかもしれない。授業では、解答をひたすら書くことになるが、そうなると書くことに精一杯で、とても「なぜ、この答えになるの」と「考える」ことはできないであろう。

以上、ケースを三つに分けて考えてみたが、このタイプの授業は、生徒

に「考える」ということをさせているかという点で、あまりよいとはいえない授業であることがわかってくる。このタイプの授業を少しでも生徒たちのためになる方向へ転換するにはどうしたらいいのだろうか。

　一つ提案したいのは、生徒同士の力を借りるというやり方である。授業のなかで、ペアでわからなかったことを言い合ってみる。あるいは、ペアで答え合わせをしてから、全体で解答をみていく、といったようなステップを踏むことを取り入れるのはいかがであろうか。単位はペアでなくてもよい。重要なのは、生徒が答えを口にすること、あるいは友人の考えを聞くといった活動を入れることだ。そのことで、正答が単に流れていくような状態を、生徒一人ひとりのうえで一時停止させたい。何らかの活動を取り入れることで「考える」場面を生み出すわけである。

　同時に、教員の立場からは、正答を1番から順番にいうといった一方方向の流れで進めることをできるだけしないようにしたい。最初に「わからなかったところは何番ですか」と質問を投げかけてみる。あるいは、生徒が間違えそうな問題や難解な問題については、きちんと解説をする。他にポイントをいくつか絞り込んでおき、それらを情報として与えるといった手法を取り入れて進めたい。これらのことに加えて、先ほど述べたペアでの学習を取り入れたり、指名の仕方を工夫するなどして緊張感をもたせながら授業を展開したいものだ。いずれにしても生徒たちに「考えさせる」ためにはどうしたらいいのかということを軸に進めなければならない。言い換えれば、授業では常に「何らかの情報提示をする」ということを忘れてはならないだろう。

2　目標を達成するための授業案を構成する要素

　ここからは、授業案作成について考えていく。先に述べてきた市川の主張「教えて考えさせる」という理論に立ち、英語の授業の流れについて私見を述べる。市川（2013）は「教えて考えさせる」の授業の特徴を以下のように説明している。

私が「教えて考えさせる授業」というとき、定義とも言える最低限の基本的特徴をあげている。それは、「教師からの説明」「理解確認」「理解深化」「自己評価」という四つの段階が考慮されているということである (p. 14)。

　あわせて、表3-1に市川(2013)の主張する授業の構築の要素をまとめる。「段階」、「方針」、「教材・教示・課題」という三つのレベルがある (p. 34)。

表3-1　「教えて考えさせる授業」構築の3レベル

段階レベル	方針レベル	教材・教示・課題レベル
教える		
（予習）	授業の概略と疑問点を明らかに	・通読してわからないところに付箋を貼る
		・まとめをつくる／簡単な例題を解く
教師からの説明	教材・教具・説明の工夫	・教科書の活用（音読／図表の利用） ・具体物やアニメーションによる提示 ・モデルによる演示 ・ポイント、コツなどの押さえ
	対話的な説明	・代表生徒との対話 ・答えるだけでなく、その理由を確認 ・挙手による、賛成者・反対者の確認
考えさせる		
理解確認	疑問点の明確化	・教科書やノートに付箋を貼っておく
	生徒自身の説明	・ペアやグループでお互いに説明
	教えあい活動	・わかったという生徒による教示
理解深化	誤りそうな問題	・経験上、生徒の誤解が多い問題 ・間違い発見課題
	応用・発展的問題	・より一般的な法則への拡張 ・生徒による問題づくり ・個々の知識・技能を活用した課題
	試行錯誤による技能の獲得	・実技教科でのコツの体得 ・グループでの相互評価やアドバイス
自己評価	理解状態の表現	・「わかったこと」「わからないこと」

市川が提唱するこの「教えて考えさせる授業」構築の３レベルを念頭において、各「段階」レベルで生徒たちがどのように具体的に「考える」ことができるのかをみていこう。

　まずは予習段階で、授業の内容について簡単に読み、その内容をまとめること、理解できなかったことについて書き出すなどして、自分なりに「考えて」おく。

　「理解確認」レベルでは、自分がわかっているのかどうかについての確認する方法が並んでいる。疑問点をあげていくこと、友達に学習した内容を説明したり教えたりすることを通して、「考え」ながら確認していくことになる。友人と自分との関わりを使いながら基礎を固める段階だ。

　「理解深化」レベルになると、再度教員からの何らかの情報開示や提示を加え、一つ上の段階へと進む。間違いが多いところに気づきを与え、応用問題や難易度の高いものへ挑戦することで「考える」ことが深められていき、理解を確実にしていくことになる。

　最後の「自己評価」になると、各自が振り返ることで、わかったのかどうかを捉え直していく。

　このように各段階で、「考え」させているのかをみていくと、理解が無理なく深まっていき、学習されていくだろうと思えるのだ。

　筆者は、前節の終わりの部分で、生徒同士の教え合いにより、教員から一方的に解答を与えるといった授業スタイルの変更を提案した。また、日々の授業のなかで、ペア学習やグループワークでの学習の効果を実感しているのだが、市川（2013）はそれらの活動について以下のように語っている。

> 「考えさせる」の第一ステップとして、「教科書や教師の説明したことが理解できているか」を確認するため、子ども同士の説明活動や教えあい活動を入れる。これは、問題を解いているわけではないが、考える活動として重視する。(p. 14、下線は筆者)

　生徒同士で説明し合うこと、教え合いをさせることから、教員は理解で

きているかどうかを観察し、見極めることをしなくてはならないわけだ。生徒はお互いにわかったことやわからなかったこと、教員の説明から受け取ったことなどをやり取りするなかで、理解が進んでいく。さらに、授業ではともすれば教員の発言を聴いてばかりいるような流れ、講義スタイルの授業もあり、そういった時間のなかでは、生徒たちが終始受動的な態度でしか参加できなくなることも憂慮される。その意味でも、「理解確認」レベルでの「疑問点の明確化」「生徒自身の説明」「教え合い活動」といった活動は有意義だし、ぜひ取り入れたいものである。

　さて、次の「理解深化」段階では、表3-1から「誤りそうな問題」を提示すること、「応用・発展的問題」を提供すること、「試行錯誤による技能の獲得」を目指し何らかの活動をするというものだ。「教えた」ことを、「理解確認」段階で、生徒たちがわかっているかどうかを確かめた後の段階になる。どのような活動を行えばいいのだろうか。市川（2013）は以下のように説明している。

　　「考えさせる」の第二のステップとして、いわゆる問題解決部分があるが、ここは、「理解深化課題」として、多くの子どもが誤解していそうな問題や、教えられたことを使って考えさせる発展的な課題を用意する。小グループによる協同的問題解決場面により、参加意識を高め、コミュニケーションを促したい。（p. 14、下線は筆者）

　「理解を確認」した後、「理解深化」という段階を準備する。この準備を案外忘れがちではないだろうか。英語であれば、ある単語のスペルと意味を覚えたとしよう。電子黒板を使ってフラッシュカードのように英単語を音声と同期させて教えてもいい。生徒たちがカードを見ながら日本語の意味から英語がいえるようになり書けるようになる。あるいはその逆のこともできるようになったとしよう。これは、「理解確認」段階だ。次にその単語を自分のものとするレベルまで深めさせること、これが「理解深化」の段階で展開されなくてはならないだろう。

意識したいことは、「使わせる」ことだ。生徒たちが正しく使えてこそ、本当に理解したといえるだろう。だから、単語ならば、たとえば、学習した単語を使って意味のある文を発信するといったような課題を用意したい。慣れるまでは、辞書を使うのがいいのではないだろうか。辞書から例文を探し出し、1カ所だけ変えてみるといった活動。あるいは、単語を使ってクイズを考えさせるなどといった活動が浮かんでくる。
　電子黒板が使えれば、いとも簡単に上のような活動ができる。また、事前に生徒たちが間違いやすい問題を準備しておくといったことも手軽にできる。イラストなどを提示してイメージを膨らますといったことも可能だ。
　電子黒板の強みは、一度作成してしまえば、どのクラスでも使えるということである。来年も、別の学年でも再利用可能。だから教科で、あるいはグループで、開発し共有していきたい。共有化することでさらに活用が広がっていく。そのことは第1章で述べた0（ゼロ）メソッドからの脱却を意味する。
　さて、「理解深化」の次の段階をみていこう。市川は次の段階である「自己評価」について以下のように解説している。

　　「考えさせる」の第三ステップとして、「授業でわかったこと」「まだよくわからないこと」を記述させたり、「質問カード」によって、疑問を提出することを促す。子どものメタ認知を促すとともに、教師が授業をどう展開していくかを考えるのに活用する。(p. 15)

　最近、「リフレクションカード」を書かせている授業の取り組みをたくさん目にするようになっている。筆者自身も「振り返りシート」とよぶシートを学生に毎回書いてもらい、それを読むことで自身の振り返りに役立てているところだ。たとえば、授業中に質問できなかったことを質問してもらう。みんなの前では聞くことができなかった経験は、誰しもあることではないだろうか。英語に苦手意識をもっている生徒が、今日の授業では「がんばった」と友達から評価されて喜んでいることなども授業者に伝わってくる。また、授業者自身も次の授業へ役立てることができる情報にあふ

れているものだ。たとえば、その授業で行ったタスクが好評であったとき、そのタスクの発展型を次回の授業でも取り入れられるかどうかといったことを検討できる。だから、次の時間の授業案づくりにも大いに役立ってくれているところである。

　市川も、生徒たちから質問を提出させることで、授業で習ったことについて疑問点があるのかないのかを書かせ、生徒たちの理解を確実なものへと導いている。教員側は、生徒たちの理解度を知ると同時に、次の授業の展開をどのように進めるのか、目標は何とすればいいのか、といった自分の授業計画の修正にも役立てることができるといっているが、実践してみるとその有効性を体験できる、簡単でいて効果のあるメソッドである。

　斎藤（1984）も、市川のいうところの「自己評価」にあたる過程の重要性を主張している。生徒の要望は多彩であることを念頭に教員がひとりでもできる授業診断の確立の重要性と手法というかたちで述べている。自分の授業について、生徒の意見を求めることから少なくとも、生徒に対する理解を深めることができる、授業の欠点や、または生徒から歓迎されていない点を発見することが多い。だから、自分の授業を改善していく視点がはっきりする。言い換えると、授業改善のための具体的なやり方を工夫する示唆が得られる（p. 31）。

　筆者が現在勤務している大学でも、半期ごとに学生に対して「授業アンケート」が実施されている。担当する「英語Ⅰ」という授業からは、「リスニングが少ない」という指摘を受けた。そこで、後期の授業では意識的にリスニングを取り入れるようにしてみた。他に「質問時間が少ない」といった声もあったので、毎時間の最後の5分程度をそのために振りあて、フィードバックできる時間にあてるようにした。前述した市川や斎藤の主張の通り学生の声を聞けることは、授業をよりよくしていくうえで非常に貴重である。前期のアンケートを読みながら、要望の内容によっては、即実行に移せることもあることに気がつき、後期からは、「振り返りシート」を工夫して、学生からの意見や要望をすぐに聞けるようにしてみたのであるが、いまのところ好評のようだ。

リフレクションカードは、授業改善のために有効であるが、筆者は、このカードに学習者の自己評価も盛り込んでいる。学習者自身が今日の授業での自分の参加度について評価することになっている。あるいは、ペアを組んだ相手のパフォーマンスについて評価し合う。グループ活動の欄もあるので、グループで最もがんばった人にコメントを書かせたりもしている。そのことを通して自分以外の他者のよい点をみつけられるようにしている。人には誰しも承認願望があるだろう。だから、学習者同士でこのように励まし合い、認め合うことは、人間同士の良好なつながりを少しずつ築いているように思う。安心し、信頼し合うなかで授業はよりよいものとなっていく。

　授業では、ある構文を100回説明するよりも、その構文を使った対話活動を行うほうが、学生は積極的に取り組んでいるし、記憶にも残ると実感している。母語とはまったく違う文字や構造をもつ英語という言語を、市川のいうできるだけ「楽しい中にも、知識・技能の習得目標が込められている」授業にして、生徒たちに提供したい。

3　授業案と電子黒板活用事例

　授業案作成にあたり、まずしなければならないことは、その授業の目標を明確にすることだと考える。簡単にいってしまえば、何を教えるのかを決める。「何らかの情報を提示する」わけだ。前時に学習した内容から決まることもあるだろうし、単元計画から決まっていることもあるだろう。中学校や高等学校では、通常新しい単元は、新規の文法項目を学習することになっている。

　この授業の目標は、できれば、教室の黒板に明示的に示して授業に入りたい。筆者が数年前に奉職していた私立中学高等学校では、「本時のめあて」と書かれたシートが各教室の黒板にあり、授業に入る前に目標をわかりやすく書くことが決められていた。それとともに、本時の流れも示すよ

うにしていた。この学校は、特別支援教育にも力を注いでおり、目標や流れといったものを明示することは、どの生徒にも支援となる手立ての一つであることを教えてもらったものだ。つまり、「授業のユニバーサルデザイン」とよばれるものである。「ユニバーサルデザインとは、障がいのある子どもには、『ないと困る』支援であり、どの子どもにも『あると便利』な指導方法である」からだ（佐藤慎二，2012）。

　教室に行くと、その日の授業メニュー（図3-3）を電子黒板に提示しておきながら、授業の準備をするというのはいかがだろうか。電子黒板がなければ、用紙をマグネットで貼ってもいい。授業のユニバーサルデザインにあるように、メニューがわかるだけで、どの生徒も授業に落ち着いて臨めるようだ。「この活動が終わったら次はあれをするんだな」などと一人ひとりが心づもりができるからだろう。その生徒にとって苦手な活動や難しいことも「これが終わったら、あの活動だから、それまではがんばろう」と思ったりできるというわけだ。

　学校におけるユニバーサルデザインとは、具体的には、「誰にもわかりやすく、安心して参加できる教育環境をつくる」ことを目指すものである。学習指導では、「どの子にも学ぶ喜び、わかる楽しさを感得させ確か

```
Today's Menu
復習        単語クイズ（ペア）
Warm up    文型ならべかえ（グループ）
導入        want to ～, like to ～
展開       「言ってみよう、使ってみよう」
           自分の好きなことを紹介しよう。
           教科書 p.22
まとめ      want to ～, like to ～を使って
           10文ノートに書く → 友達に
           言ってみよう！
宿題       "My hobby" の原稿を考える
```

図3-3　授業メニューの例

な学力が身についていく授業づくり」をすることが求められている。その意味で、授業の目標や目的を明示的に示すことは有効な手段の一つであるし、図3-3のように今日の授業の流れを示すこともすべての子どもに安心感を与えるものだと考えている。

次に、その目標を達成するために、表3-1に沿いながら考えていく。つまり、①「教師からの説明」はどのようにするか、②予習では何を要求しておくのか、しておかないのか、③「理解確認」および「理解深化」としてそれぞれどのような活動をしていくのか、④自己評価の手段はどのようにするのか、といったことを考える。できあがった授業案をみて、目標達成ができるかどうか、流れや時間配分には無理はないかを検証する。そして、授業を受ける立場の生徒になって、最初から何をすることになるのかをみていく。問題がないようであれば完成となる。

(1) 活用事例1　現在完了形

さてここからは、IWBの活用について英語の授業を例に、いくつかの文法項目を取り上げながら考えていこう。習得させようとする目標が現在完了形の場合。習得するためには、この現在完了形という英語独特の時制表現をどのようなときに使うのか、口にするのかということがまずわからないとならないと考えた。そのため現在完了形を使う状況を教室に出現させることで、「理解深化」を図ることにしたものだ。このように場面や状況を設定してしまうと、他にも必要な教材、シートなど付随するものをつくることが進む。

授業案としては、それらの活動の順番や組み合わせを考えたのだが、とくに「理科確認」と「理解深化」が有機的に結びついているかをみてもらいたい。授業時間との関連もあるが、少なくとも一つは何らかの活動が授業にはほしい。多いときには三つ、四つ行える場合もある。また、ターゲットを習得する以外のタスク、たとえば、英語の基本力を鍛えることができるようなものもいくつか準備して常備しておくと、授業時間に余裕が生じた場合などに使えて大変便利だ。恩師から「たくさんの引き出しが教員には必要だ」といわれたことを思い出す。表3-2は、現在完了形の学習

表3-2 授業案の骨子

	活動	学習者の動き	備考
Greeting	・教員から学生へ ・学生同士で"子どもの時の様子"	L S L S	・個別も ・前時の復習を兼ねる。
Warm-up	・動詞の変化 　過去分詞の復習	L S	・テンポよく個別指名する。
Introduction [教師からの説明]	・現在完了形を使うとき ①動作の完了 ②少し前から続いていること ③過去に何をしたか	L	・少し前にやっていたこととの関連を理解させる。 ・イラストの提示
Development [理解確認]	・イラストシートによる確認 ・動作シートによる現在完了形の創出	S Teaching	
Application [理解深化]	・インタビュー 　自分のことを語ろう！ ・Reading（Information Gap）	L S R W	・タスクシート
まとめ	・Intake Reading ・Homework		・自己紹介をする。

を目的とする場合の授業案の骨子一例である。

　Greetingでは、最近学習した表現や、前時で学習した内容を盛り込み、マンネリ化しないようにしたい。教員から生徒や学生への一方方向だけではなく、生徒同士でも挨拶してもらうようにすると、教室の空気が少しずつ温まっていく。

　続いて、過去分詞を復習する。電子黒板を用いて、提示していくとテンポよく進む。クイズ形式で問いかける。グループ対抗やペアで競うなども考えられる。現在完了形では過去分詞を使うことになるので、何らかの形で学習者に思い出してもらうステップが必要だろう。

Introduction で、現在完了形を使う場合を明示的に示す。過去に起こったことと現在とのつながりを意識させたい。時間軸を用いて、矢印などを書き入れるなどし、この英語独特の時制を身につけてもらえるように工夫している。

　Development では、イラストシートを使ってみた。左側には、動作をしているところが描かれており、右側にはそれぞれの動作が終わった様子が描かれているものだ。それらのイラスト見ながら、現在完了形を口にして相手に伝えるという活動を行う。いえないものはどれか、いえていない生徒はいないかをみていく。ペアで活動したので、教え合いが発生する。だから、「学習者の動き」の欄に Teaching という文字があるのは、そのことを指している。

　Application では、自分のことを紹介するというタスクを与えた。その準備として、図 3-4 のようなシートを用いてインタビュー活動をさせてみる。他にリーディング教材も使って、現在完了形を復習し、理解が深まるようにするという計画だ。

　図 3-4 は、現在完了形を学習するときに作成したシートの例である。

　左側 You の欄には、学生が自らの解答を書いておく。右側の三つの欄は、クラスメートの答えを聞いて、書き込むためのスペースになっている。現在完了形を使うにあたり、学生のレベルによっては、動詞の過去分詞形を復習しなければならないこともあるだろう。そのような場合には、先にも述べたように導入あたりで動詞の活用を復習しておきたい。そんなとき、電子黒板を使えれば、クイズ形式にしてグループ対抗で書いていくといったことも考えられる。

　このタスクを行う前には、シート下側の Conversation に書かれているように、会話を運ぶやり方も教えておきたい。電子黒板があれば、この部分を提示しながら、全員で練習することが簡単にできるだろう（図 3-5）。学習者のレベルによっては、こういった表現を他にも調べさせてきて、表現集をつくっていくこともできる。

A 〈現在完了形〉

Talk and talk

Class _____ No _____ Name _____

You			
1. I have lived in _____ for _____ years.			
2. I have studied English for _____ years.			
3. I have been to _____ once. 　twice（2回）　three times（3回）			
4. I have visited Osaka Aquarium Kaiyukan _____.			
5. I have never eaten _____. 　I will eat it someday.			
6. I have met _____ recently.			
7. I have _____ just now.			

☆☆☆　Conversation　☆☆☆

○ 会話を始める時
　Can I talk to you now?　Could you give me some time?
○ 「どのくらい〜していますか」
　How long have you <u>lived</u> _____ ?
○ 「何回くらい　〜　しましたか」
　How many times have you been to _____ ?
○ 「〜を食べたことがありますか」
　Have you eaten 〜 ?
○ 「誰に会いましたか」
　Who have you met recently ?
○ 「何をしたところですか」
　What have you done just now ?
○ 会話を終える時
　Thank you for your time.　I have enjoyed talking with you.

図 3-4　現在完了形学習シート

図 3-5　電子黒板での提示例

　現在完了形を使うために作成した別のシートB（図3-6）を紹介したい。クラスメートに趣味について尋ねに行くというタスクである。上段は名前を記入できるようにしておく、学習者はまず自分の名前を「自分」と書かれた欄に記入しておく。それからクラスメートやグループメンバーの名前を右に書く。

　「どのくらいやっているのか」というところで、現在完了形で尋ねることになる。一つ前の質問「それを始めた時」では、過去形を使うことになるので、時制の使い分けが要求される。現在完了形を教えていると「have＋動詞の過去分詞」というかたちにとらわれ、その部分ばかりの練習をしてしまうことがないだろうか。しかし、その型にだけとらわれていると、生徒によっては「現在完了形」の型というか、公式は理解できても、本当のコミュニケーションの場面で使いこなすことができないという事態に陥りかねないと懸念する。

　電子黒板があれば、このシートを提示して、やり方を説明した後活動をする。活動終了後、数名の生徒や学生を指名して、自分の尋ねた相手の答えを記入させていくといった活動もできる。尋ねる時間は「5分間」などとタイマーやストップウォッチなどで刻むのがいい。何事もルールがあるからこそ、盛り上がる。

第3章 英語授業を例に電子黒板の活用を考える　87

B

What's you hobby?　趣味は何？

Class　　　No　　　Name

	自分			
趣味は何？				
それを始めた時				
どのくらいやっているのか				

図 3-6　現在完了形会話シート

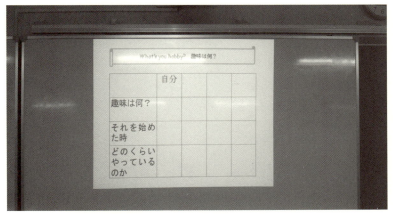

図 3-7　「現在完了形会話シート」を実際の電子黒板に写しだしたところ

> 自分のプラン記入　→　グループやペアでの活動　→　全体での共有

という流れを意識して活動をしている。このなかで重要なのは、最後の「全体での共有」の部分だ。この部分がないと、本当に活動できたのか、何がそこでわかったのか、ということの振り返りができなくなる。つまり、やりっぱなしの状態になるわけで、最悪の場合、生徒は日本語で世間話をしてしまっていたということになりかねない。やったことは、きちんと確認し、承認や評価をしてあげたい。些細なことのようで、非常に大切なステップだと思う。

　まとめとして、「自己紹介」を英語でするという発信型のタスクを与えた。それまでの文法事項の学習の流れとしては過去形から現在完了形があり、このとき現在完了を学習した段階だったためだ。現在のことだけではなく、自分の幼かったころのことや、最近興味を抱くようになったことなどを織り込むように指示を与え、時制の定着をねらった。

　作成した「自己紹介」は、授業中に時間をとり、できるだけ多くのクラスメートに聞いてもらい、サインをもらうという活動へ発展させた。これで、どこに行っても英語で自己紹介はできるはずである。

(2) 活用事例2　未来時制

　次は未来時制を教えるときに作成したシートC（図3-8）である。旅行に行くプランを立てる、というタスクをつくり、そのことを使って未来を表す表現を使わせることにした。例のところで英語を聴かせ、どこへ行くのか、何日間滞在するのか、といったことの表現を学ぶ。その後、自分のプランを作成させる。生徒によっては、自分のプランがつくれない場合もあるので、いくつか架空の人物のカード（図3-9）を準備しておくと、スムーズに活動ができるだろう。その際人物の名前も学習者になじみのある人物や歴史上の人物にするなどしておくと、盛り上がったりする。

　自分のプランが完成したら、友人のプランを聞きに行き、その情報をカードに記載していく。これももちろん時間に制限を設けておく、タイ

C

Class　　　　No　　　　Name

Why don't you come with me?

Example

- Hiroshima
- Three days
- Next Friday
- No, with a friend of mine
- No, by Shinkansen
- In a hotel

My Plan

(　　) travel

(　　) travel

☆ I want to go with _____ .
　Why?
Becouse _____

図 3-8　未来の表現学習シート

図 3-9　人物カードの例

マーが「リリリリリー」と鳴ったら、席に戻らせる。最後は自分が聞き出した友人の旅行計画のうち、どちらのプランで旅行したいかを考える。発表させたり、グループで紹介させ合ったりする。無理なく、誰でもが未来形を口にし、耳にすることができるようにと考えてみた。

　次は、インフォメーションギャップである。図 3-10 は、シート A である。もう 1 枚、絵は同じであるが、情報が異なるシート B もある。お互いに自分のシートではわからない情報を相手から聞き出すことを目的として、会話が進む。インフォメーションギャップはよく使う手法の一つである。ここでは、自分のシートに書かれていない人物の情報を聞き出しながら、ターゲットである used to や would を自然に使わせ、マスターさせることができるようにしている。目標は、自己紹介などで、自分が幼かったころのことについても交えながら話すことができるようになるということであった。

　次の時間の最初には、電子黒板に同じ絵を映して、used to や would を用いて人物について表現させながら、復習をすることもできるだろう。

　毎回このようにシートを作成してみて思うのは、こういったシートは、単純であるものが使いやすい。あまり細かく決めてしまうと応用がきかないときがあるからだ。たとえば、これまでの例でいうと、図 3-6 で紹介しているようなものは、左側の部分を工夫するだけで、他にも転用がきく。

第3章　英語授業を例に電子黒板の活用を考える　　91

A　小学生のときはどんな感じ？
Did _____ use to〜?

Class　　　　No　　　　Name

Hiroko　Kenji　Akane　Ryota　Kaoru

1. Taku
2. Toshi
3. Miho
4. Aya
5. Mamoru

図 3-10　used to 〜 の練習シート

ここまで、具体例を示しながら実践している活動のいくつかについて紹介してきた。ここでは、他にも気をつけていることについて私見を述べる。
　一つ、「教える」場面では、できるだけインパクトのある例文を採用したい。全員に暗記させる必要があるような英文を基本例文とよんでいるが、それらの例文のことである。もちろん、教科書に取り上げられている基本文でもかまわないが、できることなら受け持っている生徒の実態にあわせたもので、なおかつ生徒たちが親しみを感じる文に少し手を加えて提示したいと思っている。
　基本文や普段用いる英文で使う人名一つでも、教員の熱意を伝えることができるのではないだろうか。中学生を対象にしたコミュニケーション活動についてたくさんの実践例を紹介している笹（2012）によると、「ドラえもん」などが登場したりする。教えている生徒の実態にあわせた親しみを感じることのできる文、それらは生徒にとってわかりやすい文であるはずだし、導入したときにふと笑えたりすると、それだけで授業の雰囲気がよくなるだろう。生徒にとってそのようにして覚えたものは、飲み込みやすいし、忘れにくいものとなっていくからだ。
　「理解確認」段階では、基本文を学習者にあわせて変えていくことなどして、練習を徹底していきたい。その活動を通して、教えられたことを内在化させていく。学習者に基本文の一部分だけを入れ変えさせて英文をつくるといったような練習だけでもいいと考える。既習の文法を復習しながら生徒たちのなかに取り込ませていき、自分の表現にさせていくことを大切にしたい。そして、基本文が自動的にいえるレベルにすることを目標として、生徒全員がいえて書ける段階まで導きたい。内在化については、後述する第二言語習得のプロセスに出てくるが、与えられたインプットが学習者のなかに取り込まれることを指す。
　生徒たちが自分のいいたいことを、英語で自由にいえるようになるには絶対に必要な練習である。そのために生徒たちの興味や関心をうまく使い、競わせることやルールを決めたなかで自由に活動させることなどが有効だと考える。なぜならそういった活動は、生徒たちの知的な好奇心を刺激できるし、より高度なものへと挑戦するという経験が成長につながるか

らだ。

「理解深化」段階では、生徒たちにアウトプット活動をさせたい。アウトプットとは、「話す」「書く」ということだ。学習した語彙や構文を使って、実際にコミュニケーションしてみることや発表をしてみることで、習ったことが本当に自分のものとなっているかが確認できる。自分のいいたいことがいえること、また、書けること、それは楽しいことである。英語でコミュニケーションが取れるようになれば自信もつく。人は表現することで、達成感や充足感を味わうのではないだろうか。

「教える」「理解確認」「理解深化」では、教員からの一方的な説明に終始することがないように留意して進めたい。説明はできるだけ短かくして、生徒同士での教え合いや、例文づくりなどをさせてみる。そこで、本当にわかっているのかを確認するわけだ。

第1章で紹介したが、電子黒板（IWB）を導入すると、授業に多くの流れが生まれる。IWBを媒介として、教員が生徒側に立つことができるからだ。教員から情報を与えていく、という一方向で進むような授業をやめて、生徒とのインタラクションを頭に置きながら、教案を立てていきたいものだ。担当している生徒を思い浮かべながら、「ここで私がこういったら、あの子はきっとこんなことをいうだろう」などと想像してみてほしい。そうしながら授業案を組み立てていくと実際の授業がより一層楽しみになる。

すべての活動や練習には、それぞれの目標があることを意識したい。授業で行うことにはすべて意味がある。

「自己評価」では、生徒が自らの学習の軌跡をたどることができ、伸びを自覚できるような工夫もしたい。教員はそこから自分の授業への振り返りを行い、次の授業を考えていく。

「予習」は、どのようなことがいいだろうか。「教科書の○ページを見てきてね」というような予習なら、どの生徒でもできることではないだろうか。あまりに負担になるような予習を課すとやってこない生徒もでてくるだろう。市川（2008）は、予習段階でしてほしいこと、予習の目的を以下のように述べている。

「授業でどんなことをするのか」という概略をつかみ、ある程度の予備知識をもって授業で学習しやすい状態をつくり、さらには、「予習でわからなかった疑問点」をもって授業に臨んでほしいということです（p. 93）。

授業では、予習段階での「生わかり」が授業での「本わかり」にもつながる、ともいっている。予習段階では、「明日はこんなことを習うんだ」ということをつかんでくれればいいということで、授業の最初の5分間くらいで教科書を読ませるといった活動も考えられる。

授業案を立てるプロセスは、料理をつくる過程と似ているように思う。文法事項や新出語彙といった材料を、どんなふうに刻み下味をつけるのか。それを煮るのがいいのか焼くのがいいのか、どういう順番でやると早くつくることができるのか。そして、仕上がりをおいしそうに見せるためにできることは何だろう。サーブされた料理を見たときに、お客さんはどんな反応を見せてくれるのだろうか、その瞬間が待ち遠しくなる。

だから、一度立てた教案は、生徒の立場で見直す手順もはずせない。「ここでは、教員の説明を聞いてばかりいるな」とか、「書くことが少ないな」などといったことが、見直すことでわかってくる。

授業案が立てられないときには、一つの活動を考えることから始めてみるのもいいだろう。一つの活動ができれば、次にその前後の活動を考える。順番を入れ替えてみたらどうなるのか、と逆のことも考えてみる。料理ならメインを考えて、前菜やスープを考えて、デザートをあわせてみるという感じになるのだろうか。

「ああ、また授業だ」、もしこんなふうにネガティブな感情が教員の心にあるとしたら、そこには何らかの準備不足が潜んでいるだろう。時間をかけて考えた授業案、手間暇かけて作成した教材、何か一つでも準備ができたら授業は待ち遠しくなる。「これを見せたら、生徒たちはどんな反応をしてくれるだろう」「あんな活動をやらせたら、いつも横を向いているあの子は、輪の中に入ってきてくれるかしら」、こんな気持ちで授業には臨みたい。「授業がうまくいかない」と相談を受けると、とりあえず「教材

をつくってみましょう」と提案することにしている。

4　第二言語習得の認知プロセスを意識した授業づくり

　本章第1節では、授業の基本的な考え方について考察していった。続く第2節では、授業案を立案することから、よりよい授業を実現するための方策や手法について考えた。さらに第3節では、具体的に授業案、タスク活動などを紹介するとともに電子黒板の活用について提案をしている。ここでは、ここまでに述べてきたことについて、第二言語習得の認知プロセスに、それらが合致しているといえるのかどうかを考察したい。

　足立（2008）では、自らがスペイン語を習う学習者の立場になった経験から、学習に悪影響を与える要素の多くは、教師が学習者の認知的ニーズ（効果的な情報処理プロセスに必要な条件を満たすこと）を考慮していない点に起因することがわかったと指摘している。では外国語学習者がたどる認知的なプロセスとはどのようなものなのであろうか。まずは、第二言語習得の認知プロセスを、村野井他（2003）から紹介する（図3-11）。

　ここから教員の立場で、この第二言語習得の認知プロセスをみていく。外国語学習では、何らかのインプットを与える。言語的な知識を学習者に明示的に示すわけであるが、それが学習者には「気づき」となって受け取られなければならないことがわかる。インプットが学習者のなかで「気づかれた」ものとなるために、教員は提示手法の工夫が求められるわけである。もし与えられたインプットが学習者に理解されないということになると、外国語の学習がされないということになる。図3-11からは、ここでいう理解とは、形式と意味などがつながっていく過程だと考えられる。これを図の左部分アウトプットの段階まで引き上げるには、さらにいくつかの過程、段階があるわけだ。学習者がインプットを理解すると次の段階「インテイク」がくる。ここでは、取り込まれたインプットをいろいろな角度から捉え直してみること、学習者がもっている既存の知識などと比較

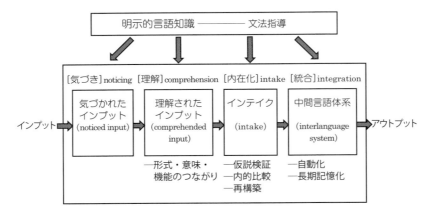

図 3-11　第二言語習得の認知プロセス

出典：村野井他（2004）『実践的英語科教育法 —— 総合的コミュニケーション能力を育てる指導』第1版第4刷、成美堂、p. 55、図 4-2 をもとに筆者が改変。

するといったことや、応用することが起こると考えられる。これらの働きを経て、学習者のなかに取り込まれていく段階へと進むわけだ。次は、学習者が必要に応じて、容易にインプットされたことを取り出せるようになることと、忘れないでいるところまできた段階となる。それが中間言語体系と呼ばれるものだ。

インプットがアウトプットへスムーズにつながるためには、このように四つの段階を経なければならないわけだ。さらに、注意したいのは、図の上部にある「明示的言語知識」という言葉ではないだろうか。教員が段階に応じて明示的に、つまり学習者にわかりやすく言語知識を与えることの必要性を訴えているわけだ。外国語を教える教員として、よりよい授業を考えるとき、この明示的に教えるということがその中身であると考える。

本章第2節で紹介した「教えて考えさせる授業」構築の3レベル（表3-1、p. 75）と比較検討することで、さらに考察してみたい。

表3-1における、最初の「教える」段階で与えるべき「教師からの説明」とは、図3-11においては、インプットを与える段階である。与えたインプットが、学習者にとっては「気づかれたインプット」となるようにしな

ければならない。それゆえ、表3-1では、教科書の活用、具体物やアニメーションによる提示、モデルによる演示、ポイント、コツなどの押さえ、という具体例が示されている。ここには電子黒板を使った文型、例文、イラストなどの提示を加えておきたい。第1章で述べたように、電子黒板の特徴の一つとして提示力の高さがある。その力を、この段階では充分に生かしたいものである。

　こうして「気づかれたインプット」をどうすれば、「理解されたインプット」へと変容させていくことができるのだろうか。表3-1をみてみよう。「教える」段階では、「教師からの説明」の方針レベルに「対話的な説明」という項目がある。ここで、代表生徒との対話、指名による答えとその理由の確認といったことが説明されている。対話といった活動を取り入れることで、学習者にとっては受動的に届いているインプットというものが、学習者の内側へと取り込まれていくことになる。つまり「理解されたインプット」へと変わるしかけがここにある。

　いったん「理解されたインプット」は、そのままだと学習者にとって、まだ、表層を理解しただけにすぎない段階にとどまる。だから、学習者自身に使わせることで深めていく活動が必要となってくる。表3-1では、「理解確認」の段階に相当し、わからないところがあるのかどうかを確認する、ペアやグループ活動を通してお互いに教え合うといった活動が有効となるわけだ。生徒に説明させてみる。例文や問題づくりをしながら、それらを比較させてみることや、競わせるといった活動が、電子黒板なら画像に映すだけで容易にできる。

　図3-11の「中間言語体系」までインプットを深めていくためには、応用する力が必要である。教員には、学習者が誤りそうなポイントを押さえ、それを克服できるような練習を準備し提供すること、インプットされたことを使わざるを得ないような状況をつくり出していくことなどが求められる。ここで、教員が考案したタスクをするなど、授業中の活動を実践することで、学習者が新しく習ったインプットを自動的に取り出し、いつまでも忘れないレベルまで深めさせることができるのではないだろうか。

　このように市川の主張「教えて考えさせる」授業の理念と第二言語習得

のプロセスを比べていくと、実に多くの一致をみることが理解していただけよう。外国語を教える場合、学習者へ教えたことは、いくつかの段階を経なければ理解し、内在化されていかないわけである。だから、授業者はことさらに導入、展開、まとめといったいくつかのステップを意識して授業を考えていかねばならない。

　ここで、さらに第二言語習得の認知プロセスと外国語指導技術についての関係について、村野井（前掲）から紹介する（p. 55）。図 3-11 で取り上げた学習者の認知プロセス、つまり、「気づかれたインプット」「理解されたインプット」「インテイク」「中間言語体系」といった一連の流れをどのように生み出すのか、という問いについての回答が得られるものだ。各流れと指導技術の対応関係が示されている（図 3-12）。

　上の箱のなかには、インプットがどのように変容を遂げるのかが図示されている。下の箱では、それぞれの段階で考えられる教室内での活動例が紹介されているものだ。灰色の線は、上の箱と下の箱を結ぶ対応関係が示されているわけだ。

　「気づき」を「理解」へとするために、指導技術としては、プレゼンテーション力が必要とされている。具体的には、教員がその授業の目的を明示的に示すためにオーラルインタラクションを行うこと、教科書の内容などについてある程度まとまりのある英文を話して聞かせること、文法事項などをできるだけわかりやすくして示すことなどが求められているわけだ。

　「理解」から「内在化」させるには練習することが必要とされている。具体例としては意味のあるパターンプラクティス（意味のあるというところがポイントだ）、ロールプレイ、音読、シャードーイングといった活動などが紹介されている。読者の方にもなじみのある活動がたくさん並んでいることだろう。

　「内在化」の段階から「統合」段階へと高めるためには、プロダクション、つまり産出、発信が必要だとされている。下の箱には、コミュニケーションを目的とするタスク活動、ストーリーテリング、要約させてみること、プレゼンテーションを行わせること、ショーアンドテルといった学習者に何らかのアウトプットを要求する活動が並んでいる。

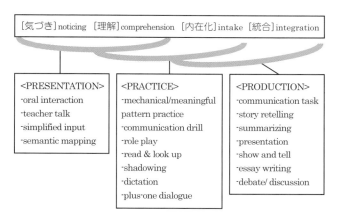

図 3-12　第二言語習得の認知プロセスと外国語指導技術

出典：村野井他（2003）『実践的英語科教育法 —— 総合的コミュニケーション能力を育てる指導』第1版第4刷、成美堂、p. 55、図 4-2 をもとに筆者が改変。

　こうしてみると図 3-12 に示されている活動は、いずれも通常の英語が教えられている教室で普通に行われているものばかりである。しかし、ここであらためて取り上げたのは、それぞれの活動の目的および順を確認するためである。

　授業を構築していくとき、授業案を考える際には、「教えて考えさせる」という授業の根幹やインプットが内在化されていくプロセスを基本軸としていきたい。どのような活動を行わせるべきなのか、迷ったら、学習者の立場で考えてみる。授業で行うことすべてには目標がある。目標達成のために役立つ道具の一つとして電子黒板もある。電子黒板は提示することが得意な機器であり、生徒たちはおおむね好感をもっているツールである。視覚的にわかりやすく提示できる点、手が汚れず、掃除の手間もかからない。学習者にとってよりよい授業を実現していくため、各授業の目標達成のため、この便利な機器をどのように用いていけばよいのかということを含め、今後も授業実践と研究を続けていきたい。生徒たちが忘れることのできないような授業を、一度でいいからしてみたいものである。

【参考文献】

Krashen, S. D.（1982）*Principals and practices of second language acquisition in the classroom*. Hayward, CA: Alemany Press.

足立恭則（2009）Teaching from the Learners' Perspectives『人文・社会科学論集』第26号、東洋英和女学院大学、75-86頁。

アラン・デュラント、岡部玲子訳（2003）「授業における読解と問題練習――1篇の現代詩」斎藤兆史編『英語の教え方学び方』、東京大学出版会。

市川伸一（2008）『「教えて考えさせる授業」を創る　基礎基本の定着・深化・活用を促す「習得型」授業設計』、図書文化社。

市川伸一編著（2013）『「教えて考えさせる授業」の挑戦――学ぶ意欲と深い理解を育む授業デザイン』、明治図書出版。

笹達一郎（2012）『すぐに役立つ！365日の英語授業づくりガイドブック　授業の基本・文法指導編』明治図書出版。

――（2012）『すぐに役立つ！365日の英語授業づくりガイドブック　コミュニケーション活動・評価編』明治図書出版。

齋藤栄二（1984）『英語を好きにさせる授業』、大修館書店。

佐藤愼二（2012）『通常学級の特別支援――今日からできる！40の提案』日本文化科学社。

村野井仁他（2003）『実践的英語科教育法――総合的コミュニケーション能力を育てる指導』、成美堂。

〈謝辞〉

　2013年度の研究は、博報財団第8回児童教育実践の研究助成を受けて行うことができた。電子黒板ならびに書画カメラといったICT機器の導入が実現し、生徒たちの学習を促進する方法について、学校全体で取り組む動きが生まれたと考える。本書で述べたように教員の意識に変容が起き、授業について考える機会が増え、教員相互の会話が活発化していった。電子黒板やICT機器が生徒たちの理解に役立つものであるかどうかではなく、役立たせるための手法について、考えて、実践していくことが重要である。

　第1章の理科の検証については、栗原賢太郎氏が、また、数学については、太田早紀氏が担当したものである。ここに多忙のなか、懸命に授業実践と研究に取り組まれたことに、あらためて謝意を表したい。

　なお、各章の初出について述べる。1章は、公益財団法人博報児童教育振興会の第8回児童教育実践についての研究助成事業への報告書をもとに大幅に加筆修正をしたものである。2章は、日本教育情報学会第31回年会での発表をもとに書き下ろしたもの。3章は、本書のために書き下ろしたものである。

あとがき

　かつて —— といってももう30年も前のことだが —— 中学校に勤務していたころ、英語の長文を学習する単元になると、模造紙をもってきて、自分と隣の先生の机も借りてそれらの上いっぱいに紙を広げて、教科書の英語を写していくという作業をしたものだ。

　朝1時間目の教室で、昨日作成した模造紙を黒板に貼りつけて、説明をしながら授業を進めていくとき、少し誇らしげな気持ちが湧いてきたものだった。生徒たちもまた教員の苦労だけはわかるのか、いつもよりも真剣に聞き入ってくれていたように思う。そして、終わりのベルが鳴るころには、模造紙に書かれた英文にはチョークによるたくさんの書き込みがされており、もはやもとの英語は読みづらくなっていることもあった。そこで、模造紙作戦は、教えているクラス分の枚数が必要だとわかる。それにしても次の2時間目のクラスではどうやって教えようかしらと、しばし黒板の前に立ちつくしていたあの日のことを昨日のことのように思い出す。

　しかし、いまは電子黒板がある。プロジェクターや書画カメラもある。教室での教材等の提示には悩む必要がなくなってきているといってよい。そして電子黒板で何を提示し、どんな活動をさせるのがいいのか、といった内容面について考えることができるようになってきた。まさに「隔世の感」とはこのことを指す言葉なのかと思う。

　電子黒板との出会いで、筆者がここ数年実践してきたことや考えていることなどを本書にまとめることができたが、ここからが本当の始まりである。学習者はデジタル世代。彼らが知っている使い方に学びながら、学習にとってプラスとなるような手法やコンテンツをつくれればと願っている。

　かつてとある中学校に非常勤講師として勤務していたとき、研究を行っている筆者に「先生は、生徒をモルモットにしている」と批判を受けたことがある。当時、筆者と協力者で開発した英語の単語学習を用いて、文字と音声が同期するものがいいのかどうかについて研究を行っていた。生徒たちを実験群と統制群にわけ、片方には音声がないものを渡して夏季休業中取り組んでもらう、というものであった。夏季休業後は、ソフトを入れ替えて渡すため、どちらの群の生徒も結果としては2種類のリスニングソ

フトを試すことになる。ここにあらためて記しておきたい。筆者は一度も生徒や学習者をモルモットにした覚えはない、はなはだしい誤解である。件の方は、こうもいっていた。「音声と文字が同期するものが優れているに決まっているじゃないですか」と。本当だろうか。本当にそうならば、実験する必要はもちろんない。しかし、当時の文献を読むかぎりそのようなことを結論づけた論文は一つもなかった。ましてや英語の教員でもない方から、なぜこのような一方的な非科学的な言葉を投げつけられなければならなかったのだろう。

　研究などといったいそうな意味ではなく、ただただ生徒たちが、学生たちがどうしたらもっと英語がわかるようになるのだろう、どのように教えたら、少しは「わかりやすい」と彼ら彼女らに思ってもらえるのだろう、といった思いがあっただけだ。そのために今後も努力をしていきたい。

　最近は、できるだけ説明することなしに、英語の文法（ルール）を伝えようとしている。自分が生徒や学生だったころ、説明を繰り返されるより、使うことのほうがはるかに「わかった」という感じが強かったからである。来年には、いわゆる反転授業も実践してみたいと考えている。

　本書は、京都光華中学校／高等学校、ならびに長者美里学校長の全面的な協力を得ながら、そこでの実践の一部を紹介させていただくことができた。ここにあらためて御礼を申し上げる。いまは京都光華を去られた方もいらっしゃる。その方を含めて関係各位のこれからの発展と、教員としての人生がますます充実されることを願う。コラムは、光華小学校での英語活動を率いておられる横山貴之先生に寄稿していただいた。京都光華は、2015年現在、「英語教育強化地域拠点事業」において文部科学省より地域拠点校の指定を受け、英語授業改革に取り組み2年目を迎えている。敬愛する池田あゆみ先生を中心とした中学校での素晴らしい取り組みを受けて、小学校、中学校、高等学校の連携という課題へ向けて2016年以降も航海は続く。筆者もこれに関わらせてもらいながら、電子黒板を含むICTの機器活用についてもさらなる研究を深めていきたいと、決意を新たにする次第だ。

齋藤由紀（さいとう・ゆき）

大阪国際大学国際教養学部准教授（英語教育）。
京都教育大学大学院修了(教育学)。京都市立中学校英語教諭、京都光華中学高等学校英語教諭、大和大学教育学部准教授を経て、2016年4月より現職。
専門は英語教育、観光学。
主な業績として、『京都の町家を再生する —— 家づくりから見えてくる日本の文化破壊と文化継承』（関西学院大学出版会、2015年）「歌がつなぐ過去と今 —— パラオからの引き揚げ者の暮らしが語りかけてくるもの」（『引き揚げ者の戦後』所収、島村恭則編著、新曜社、2013年）などがある。

電子黒板への招待
その提示力を生かした授業を考える

2016年5月31日 初版第一刷発行

著　者	齋藤由紀
発行者	田中きく代
発行所	関西学院大学出版会
所在地	〒 662-0891
	兵庫県西宮市上ケ原一番町 1-155
電　話	0798-53-7002
印　刷	協和印刷株式会社

©2016 Yuki Saito
Printed in Japan by Kwansei Gakuin University Press
ISBN 978-4-86283-204-7
乱丁・落丁本はお取り替えいたします。
本書の全部または一部を無断で複写・複製することを禁じます。